Johanna Handschmann
Gabriele Redden Rosenbaum ❖ Karl Newedel
Martin Lagoda ❖ Konrad Geiger

Die besten Rezepte für
HEIMISCHE GEMÜSE

Rezeptfotos von
Karl Newedel

Bassermann

Inhaltsverzeichnis

Der Garten meiner Kindheit

an den ich heute mit leichter Wehmut zurückdenke, lag im Länderdreieck Deutschland, Belgien, Holland. Ich lebte damals bei meinen Großeltern in einem großen, alten Fachwerkhaus. Hinter dem Haus lag ein riesiger, etwas verwilderter Bauerngarten mit vielen Blumen, blühenden Büschen und einer kleinen Wiese, die von einer dicken Linde überschattet wurde. Hatte man diesen romantischen Teil des Gartens durchquert und war durch eine schmale Öffnung der Ligusterhecke gegangen, die beide Gärten voneinander trennte, erreichte man gepflegte Gemüsebeete, die der ganze Stolz meiner Großmutter waren. Auf der rechten Seite standen zwei Apfelbäume, deren wohlschmeckende Apfelsorte man nirgendwo kaufen konnte, ein knorriger Birnbaum mit Blutbirnen – kleinen, süßen Früchten mit blutrotem Fruchtfleisch – und hinten in der rechten Ecke ein großer Kirschbaum, der im Juli die wunderbarsten, dicksten, gelbroten Kirschen trug, die man sich nur denken kann.

Es verging fast kein Tag, an dem nicht etwas im Garten zu tun war: der Kampf gegen das Unkraut, der nie gewonnen wurde, die Erde, die immer wieder gelockert werden musste, und die Pflanzen, die Wasser brauchten, wenn es längere Zeit nicht geregnet hatte.

Am liebsten war uns Kindern das Ernten. Was immer wir roh essen konnten, probierten wir natürlich erst einmal. Unser Garten kannte keine Chemie, deshalb wurden Erdbeeren, Möhren, Herbstrüben etc. mit der Schürze nur kurz abgewischt und – nach dem Motto „Dreck putzt den Magen" – knirschend verspeist.

Gehen Sie mit diesem Buch auf eine Entdeckungsreise in die Sortenvielfalt der heimischen Gemüse, und finden Sie heraus, welch wunderbarer Genuss ein frischer Löwenzahnsalat, ein Stielmusgemüse oder ein Rüben-Risotto mit Limetten sind.

Ihre
Gabriele Redden Rosenbaum

WURZELN, RÜBEN, KNOLLEN

Die optisch unscheinbaren Knollen und Wurzeln gewinnen sicherlich keinen Schönheitswettbewerb; ihr wahrer Wert verbirgt sich in ihrem Inhalt und Geschmack, denn die Vertreter dieser Gemüsefamilie gehören zu den nahrhaftesten überhaupt.

WURZELN wie **MÖHREN, PETERSILIENWURZELN** und **PASTINAKEN** sind miteinander verwandt und werden ähnlich verwendet. Petersilienwurzeln und Pastinaken sind weiß bis cremefarben und meist etwas dicker als Möhren. Geruch und Geschmack sind kräftig aromatisch, leicht nussig und erinnern an Petersilie und Möhre. Da sie Stärke und Zucker enthalten, eignen sie sich bestens für Saucen, Suppen, Pürees und Eintöpfe. Die fingerdicken Schwarzwurzeln gibt es auch mit weißer Schale. Sie haben ein milchig-weißes Fruchtfleisch und erinnern in Farbe und Geruch etwas an Spargel.

TOPINAMBUR ist bei uns weniger bekannt, aber äußerst vielseitig. Man kann ihn roh, gebraten, gedünstet, gekocht oder frittiert genießen. Mit der Sonnenblume verwandt, ist die Pflanze sehr dekorativ, die Knolle delikat und prägnant im Geschmack.

STECK- oder **KOHLRÜBEN** und **WEISSE RÜBEN** sind nahe verwandt. Steckrüben sind meist etwas größer und haben gelbes Fruchtfleisch. Ihr Geschmack ist etwas kräftiger und derber als der der weißen Rüben. Weiße Rüben sind rund oder länglich, ihr Fruchtfleisch ist weiß, während die Schale rötlich oder violett gefärbt sein kann. Ihr Aroma erinnert etwas an Rettiche. Die besonders kleinen, rundlichen Rüben aus dieser Familie sind als Teltower Rübchen oder Navets bekannt. Man kann sie roh oder gegart verzehren. Besonders gut schmecken sie mit Butter, Sahne und Muskatnuss als Püree, Gratin oder Eintopf zu einem herzhaften Schweinebraten.

Die **ROTE BETE** oder **ROTE RÜBE** war schon bei den alten Römern geschätzt. Zwischenzeitlich fristete sie mit ihrem leicht erdigen Geschmack ein Schattendasein als preiswerte, rustikale Beilage, doch diese Zeiten sind vorbei. Entdecken auch Sie die moderne Seite dieses Powergemüses: Es lässt sich nämlich auf neue und interessante Weise zubereiten und hilft gleichzeitig, die Immunkräfte des Körpers zu stärken.

Der **KNOLLENSELLERIE** gehört zu den beliebtesten Gemüsen der deutschen Küche. Die Knollen müssen großzügig geschält werden. Das Fruchtfleisch kann man roh verzehren, braten oder kochen. Geschätzt wird das kräftige Aroma in Suppen, Saucen und Salaten.

PASTINAKEN-KÜRBIS-KLOPSE

Diese raffinierten vegetarischen Frikadellen passen als Beilage zu Salat und Gemüse, aber auch zu kurzgebratenem Fleisch oder Fisch.

FÜR 4 PORTIONEN
300 g Pastinaken
200 g Hokkaido-Kürbis
(küchenfertig)
2–3 cm Ingwer
4 Eier
40 g Parmesan oder Pecorino
am Stück
1 Prise Kurkuma- oder
Currypulver
1 Prise frisch geriebene
Muskatnuss
Salz
frisch gemahlener Pfeffer
2 EL Butterschmalz oder Öl

1   Die Pastinaken waschen und dünn schälen. Pastinaken und Kürbis fein raspeln und miteinander vermischen. Den Ingwer schälen, ebenso fein raspeln und zugeben.

2   Den Käse reiben. Die Eier in einer Schüssel verquirlen. Käse, Kurkuma, Muskat, Salz, Pfeffer und die Pastinaken-Kürbis-Raspeln untermischen.

3   Das Butterschmalz in einer beschichteten Pfanne erhitzen. Die Masse mit einem Löffel in kleinen Portionen hineingeben und die Küchlein bei schwacher bis mittlerer Hitze auf beiden Seiten goldbraun braten.

Kräuterdip

Zu den Küchlein passt dieser Dip ganz hervorragend: 4 bis 5 EL gehackte frische Gartenkräuter (zum Beispiel Schnittlauch, Dill, Petersilie) in 300 g Sahnejoghurt einrühren und mit Salz und frisch gemahlenem Pfeffer abschmecken.

INDISCHE PASTINAKENSUPPE

Onkel Jakob war ein weit gereister Mann, der seiner Schwester, meiner Großmutter, die köstlichsten Sachen aus fernen Ländern mitbrachte. Auch den Curry samt Rezept. Sie machte häufig Gebrauch davon.

FÜR 4 PORTIONEN
FÜR DEN CURRY
1 gehäufter TL Koriander
1 gestrichener TL Kreuzkümmel
1 getrocknete Chilischote
1 gestrichener TL Kurkuma
¼ TL Fenugreek
(Bockshornklee)

FÜR DIE SUPPE
1 mittelgroße Zwiebel
1 Knoblauchzehe
1 daumengroßes Stück Ingwer
2 Pastinaken
2 EL Butter, 1 EL Mehl
1 l Fleischfond
150 g Schlagsahne
Salz
1 Bund Koriander oder
Schnittlauch
1 kleiner Apfel oder 20 halbierte,
kernlose Trauben

1 Alle Zutaten für den Curry in einem Mörser zerkleinern. Sie werden nicht alles für dieses Gericht brauchen, verschließen Sie den Rest in einem Glas und würzen Sie Linsengemüse oder Spinat damit.

2 Die Zwiebel und den Knoblauch für die Suppe pellen. Die Zwiebel würfeln und den Knoblauch in Scheiben schneiden. Ingwer und die Pastinaken schälen. Ingwer fein würfeln und die Pastinaken in Stücke schneiden.

3 Die Butter in einem Topf zerlassen und Zwiebel, Knoblauch, Ingwer und Pastinaken zufügen. Zudecken und bei geringer Hitze 10 Minuten dünsten.

4 Das Mehl und 1 Esslöffel des Currys einstreuen und etwa 2 Minuten weiterdünsten, gelegentlich umrühren.

5 Nach und nach den Fleischfond zugießen und aufkochen lassen. Wenn die Pastinaken weich sind, das Gemüse im Mixer oder mit dem Stabmixer pürieren. Sahne zufügen und mit Salz abschmecken.

6 Koriander oder Schnittlauch waschen und trocken schütteln. Koriander grob hacken, Schnittlauch in Röllchen schneiden. Apfel waschen, vierteln, das Kerngehäuse entfernen und die Apfelviertel in kleine Streifen schneiden. Trauben oder Apfelstreifen mit dem gehackten Koriander oder mit Schnittlauchröllchen über die Suppe streuen.

Fleischfond (für etwa 1½ Liter)

1 mittelgroße Zwiebel pellen und mit 2 Nelken spicken. 1 Möhre, 1 Petersilienwurzel und 1 Stück Sellerieknolle putzen, waschen, schälen und in grobe Würfel schneiden. 2 Esslöffel Öl erhitzen und 750 g Fleischknochen kräftig darin anbraten. Die Zwiebel, 1 Kräutersträußchen (jeweils 1 Stängel Petersilie, Thymian, Liebstöckel, Oregano und Bohnenkraut) und das Gemüse zufügen und 15 Minuten mitschmoren. Mit 2 Liter Wasser aufgießen und 2 Stunden lang bei geringer Hitze sieden lassen.

PASTINAKEN-SOUFFLÉ

FÜR 4 PORTIONEN

400 g Pastinaken oder
Teltower Rüben
50 g Pecorino oder Parmesan
am Stück
1 Bund Petersilie
2 EL Butter
2 EL Mehl
300 ml Milch
1 TL gekörnte Gemüsebrühe
Salz
frisch gemahlener Pfeffer
1 TL Senf
4 Eier
Butter für die Form

1 Die Pastinaken waschen, dünn schälen und fein raspeln. Den Käse reiben. Die Petersilie fein hacken. Den Backofen auf 220 °C (Umluft 200 °C, Gas Stufe 4) vorheizen und darin eine Souffléform etwa 5 Minuten anwärmen.

2 Die Butter in einem Topf erhitzen, das Mehl darin 1 bis 2 Minuten anschwitzen, dann die Milch einrühren und mit gekörnter Brühe, Salz, Pfeffer und Senf abschmecken. Die geraspelten Pastinaken zugeben und bei schwacher Hitze knapp 5 Minuten köcheln lassen (sie sollten nicht ganz weich werden). Den Topf vom Herd nehmen und leicht abkühlen lassen.

3 Die Eier trennen. Eiweiß mit einer Prise Salz sehr steif schlagen. Ein Stück Butter in der vorgeheizten Form schmelzen lassen.

4 Petersilie, Eigelbe und den Käse unter die Pastinakenmasse rühren und den Eischnee unterheben. Die Masse in die Form füllen und das Soufflé auf der mittleren Schiene 25 bis 30 Minuten backen.

PETERSILIENWURZEL-KARTOFFEL-PUFFER

Die Puffer schmecken sehr gut zu gekochtem Rindfleisch wie Tafelspitz oder pochiertem Fisch. Meine Großmutter servierte sie meistens ganz einfach mit Kräuterquark.

FÜR 4 PORTIONEN
250 g Kartoffeln
250 g Petersilienwurzeln
3 Eier
3 EL Schlagsahne
2 EL Mehl
50 g gehackte Haselnüsse
50 g geraffelter Gouda
1 Bund Petersilie
Salz
frisch geriebene Muskatnuss
4 EL Öl

1 Die Kartoffeln waschen, schälen und raspeln, in einem Mulltuch gut ausdrücken und in eine Schüssel geben. Die Petersilienwurzeln schälen, ebenfalls raspeln und hinzufügen.

2 Das Ganze mit den Eiern, der Sahne und dem Mehl verkneten. Die Haselnüsse und den Käse hinzugeben. Die Petersilie waschen, trocken tupfen und hacken. Die gehackte Petersilie ebenfalls hinzugeben und mit Salz und Muskat würzen.

3 Etwas Öl in einer Pfanne erhitzen und aus dem Teig portionsweise kleine, flache Puffer ausbacken. Immer wieder etwas Öl nachgießen. Mit gemischtem Salat oder als Beilage servieren.

Omas Kräuterquark

500 g Sahnequark in eine Schüssel geben. Je 1 Bund Kräuter (z.B. Schnittlauch, Dill, Pimpinelle und Boretsch) waschen, trocken tupfen und hacken. Kräuter unter den Quark heben und mit Salz und Zitronenpfeffer abschmecken.

WARMER PETERSILIEN-WURZELSALAT

FÜR 4 PORTIONEN

400 g kleine bis mittelgroße
Petersilienwurzeln
2 EL Butter
Salz
1 Bio-Zitrone
5 EL Sahne
1 Bund Schnittlauch
4 Salatblätter

1 Die Petersilienwurzeln waschen, schälen und in 2 bis 3 mm dünne Scheiben hobeln.

2 Die Butter erhitzen, die Petersilienwurzeln darin zugedeckt bei mittlerer Hitze 5 bis 10 Minuten nicht zu weich dünsten, dann salzen.

3 Die Zitrone heiß abwaschen, die Hälfte der Schale abreiben, dann den Saft auspressen. Abrieb und Saft zusammen mit der Sahne über die Petersilienwurzeln geben und das Ganze etwas einkochen lassen.

4 Den Schnittlauch waschen, trocknen, in Röllchen schneiden und über den Pfanneninhalt streuen. Die Salatblätter auf Teller legen und den warmen Salat darauf anrichten.

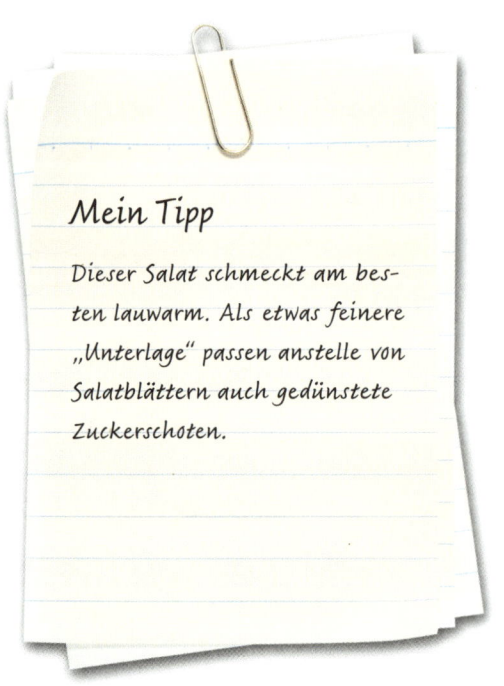

Mein Tipp

Dieser Salat schmeckt am besten lauwarm. Als etwas feinere „Unterlage" passen anstelle von Salatblättern auch gedünstete Zuckerschoten.

STECKRÜBENGRATIN AUS DER PFANNE MIT SCHWEINEBAUCH

Dieses Rezept variieren wir immer wieder. Es schmeckt auch prima
mit Mairüben, Herbstrüben, Teltower Rübchen oder Kohlrabi.

FÜR 4 PORTIONEN

500 g Steckrüben
1 Zwiebel
1 Knoblauchzehe
100 g durchwachsener
Schweinebauch oder Speck
1 EL Butterschmalz
50 g Emmentaler
100 g Sahne
frisch geriebene Muskatnuss
Salz
Pfeffer aus der Mühle
1 Bund Schnittlauch oder
Petersilie

1 Die Steckrüben waschen, schälen und in 3 bis 4 mm dünne Scheiben schneiden. Zwiebel und Knoblauch schälen und würfeln. Den Schweinebauch in feine Streifen oder Würfel schneiden.

2 Das Butterschmalz in einer Pfanne erhitzen. Den Schweinebauch darin etwa 5 Minuten unter Rühren knusprig anbraten. Zwiebel und Knoblauch zugeben und kurz mitbraten. Die Steckrübenscheiben und 1 Tasse Wasser hinzufügen. Das Gemüse zugedeckt 15 bis 20 Minuten weich dünsten.

3 Den Käse reiben. Die Sahne mit Käse, Muskatnuss, Salz und Pfeffer verrühren. Die Kräuter waschen, trocknen, fein schneiden und zur Hälfte in die Käsesahne einrühren. Diese über die Rüben gießen und bei aufgelegtem Deckel und schwacher Hitze stocken lassen (oder bei 200 °C etwa 20 Minuten im Ofen überbacken). Mit den restlichen Kräutern bestreuen und servieren.

Steckrübenpüree

1 kg Steckrüben waschen, schälen und würfeln. Die Steckrüben in Salzwasser in 30 Minuten weich garen. Abgießen und gut abtropfen lassen. Die Steckrübenwürfel im Mixer pürieren. 3 EL Butter untermischen und mit Salz, Pfeffer und frisch geriebener Muskatnuss abschmecken.

STECKRÜBENSUPPE MIT KNÖDELN

Wie ich diese kleinen Knödel liebte! Manchmal machte meine Großmutter eine größere Portion davon und servierte sie am nächsten Tag
gebraten mit gedünstetem Gemüse oder frischem Salat.

FÜR 4 PORTIONEN

120 g Graubrot vom Vortag
100 ml lauwarme Milch
20 g flüssige Butter
1 Ei
½ TL gemahlener Kümmel
1 TL frisch gehackte
Majoranblätter
1 Prise frisch geriebene
Muskatnuss
Salz
etwas Speisestärke
500 g Steckrüben
1 große Zwiebel
2 EL Butter
2 TL Zucker
1 l Gemüsefond
200 g Schlagsahne
1 Bund Schnittlauch

1 Das Brot entrinden, würfeln, mit der Milch begießen, mischen
und etwa 20 Minuten quellen lassen. Butter, Ei, Kümmel, Majoran,
Muskat und Salz zufügen und mischen. Etwa 10 Minuten durchziehen lassen.

2 Salzwasser zum Kochen bringen, mit bemehlten Händen
(Speisestärke) 8 kleine Knödel aus der Brotmischung formen
und ins kochende Salzwasser geben. Hitze zurückschalten und
15 Minuten ziehen lassen.

3 Die Steckrüben waschen, schälen und in kleine Stücke schneiden. Zwiebel pellen, fein würfeln und in der Butter glasig dünsten. Steckrübenwürfel hinzufügen, kurz mitdünsten, den Zucker
darüberstreuen und kurz karamellisieren lassen. Den Gemüsefond
dazugießen und die Rüben etwa 30 Minuten weich garen.

4 Die Suppe mit dem Schneidestab pürieren und durch ein Sieb
passieren. Die Sahne zufügen und nochmals etwa 10 Minuten
köcheln lassen. Eventuell nachwürzen.

5 Den Schnittlauch waschen, trocken tupfen und in Röllchen
schneiden. Die Suppe auf 4 Teller verteilen, die Knödelchen darauf verteilen und mit Schnittlauchröllchen bestreuen.

Gemüsefond (für etwa 1½ Liter)

½ Sellerieknolle, 4 Möhren, 2 Stangen Lauch putzen und klein schneiden. 3 Zwiebeln
pellen und würfeln. 2 Esslöffel Sonnenblumenöl in einem großen Topf erhitzen und
alles andünsten. 1 Lorbeerblatt und 1 Stängel Liebstöckel zufügen und mit 2 Liter
Wasser aufgießen. Alles aufkochen und 1 Stunde bei geringer Temperatur sieden lassen. Durchsieben und in jeweils ¼-Liter-Behältern einfrieren.

RÜBEN-RISOTTO MIT LIMETTEN

**Meine Freundin Karen ist eine mutige und fantasievolle Köchin.
So manches geht daneben – was ihr gar nichts ausmacht –, aber häufig
gelingt ihr auch etwas richtig Leckeres, wie dieses Gericht.**

FÜR 4 PORTIONEN
1 kleine Zwiebel
5 EL Butter
250 g Reis
1 l Geflügelfond
200 g Mairüben
Salz
1 Schuss Rotwein
Pfeffer aus der Mühle
1 Bund Petersilie
abgeriebene Schale von
1 unbehandelten Limette
1–2 EL Limettensaft

1 Die Zwiebel pellen und fein würfeln. In einem Topf 2 Esslöffel Butter zerlassen und den Reis mit der Zwiebel darin glasig dünsten. Den Geflügelfond erhitzen und nach und nach zum Reis geben, gerade so viel, dass der Reis mit dem Fond bedeckt ist. Nach etwa 15 Minuten ist der Reis gar.

2 Die Mairüben putzen, waschen und schälen. Mairüben in kleine Würfel schneiden und etwa 10 Minuten in Salzwasser halbgar werden lassen.

3 Die restliche Butter in einer Pfanne zerlassen und die Rübenwürfelchen darin braten. Mit einem Schuss Rotwein ablöschen. Mit Salz und Pfeffer abschmecken.

4 Die Petersilie waschen, trocken tupfen und hacken. Die Rübenwürfel, Limettenschale, -saft und die Petersilie unter den Reis heben und das Rüben-Risotto servieren.

Geflügelfond (für etwa 1½ Liter)

Je 1 Zwiebel, Möhre und Pastinake putzen, bzw. waschen und schälen, dann klein schneiden. 750 g Geflügelknochen, -hälse und -flügel in 2 Esslöffel Sonnenblumenöl etwa 10 Minuten anbraten. Das Gemüse und 1 Kräutersträußchen (jeweils 1 Stängel Petersilie, Estragon, Frühlingszwiebel und Fenchelkraut) zufügen und kurz mitbraten. Mit 2 Liter Wasser aufgießen und aufkochen. Die Hitze verringern und 1 Stunde bei geringer Temperatur sieden lassen. Durchsieben, in ¼-Liter-Behälter gießen und einfrieren.

RÜBEN-TORTE

Schneidet man die Torte in 16 statt 8 Stücke kann sie gut
als kleine Vorspeise serviert werden, wenn man Gäste hat. Meistens
gebe ich noch etwas von der Schnittlauchsauce darauf.

**FÜR 1 SPRINGFORM
VON 24 CM DURCHMESSER**
Fertig-Blätterteig, Kühltheke
1 kg Herbstrüben
Salz
1 Bund Petersilie
½ Bund Majoran
frisch geriebene Muskatnuss
Pfeffer aus der Mühle
1 EL Mehl
75 g Butter
1 Ei

1 Zwei Drittel des Teigs zu einer Platte von 27 cm Durchmesser ausrollen und in die Form legen. Den Teig fest in die Form drücken und überstehende Ränder abschneiden. Den restlichen Teig als Deckel ausrollen und in der Mitte ein sogenanntes Dampfloch ausstechen.

2 Die Rüben putzen, schälen und in sehr dünne Scheiben schneiden. In siedendem Salzwasser kurz blanchieren, abschrecken und abtropfen lassen.

3 Die Petersilie und den Majoran waschen, trocken tupfen und hacken. Rüben in eine Schüssel geben und mit den Kräutern, Muskat, Pfeffer und dem Mehl mischen.

4 Die Rüben lagenweise mit Butterflöckchen in die Form schichten. Den Teigdeckel auflegen, den Rand mit verquirltem Ei bestreichen und dann rundherum fest andrücken. Das restliche Ei auf dem Deckel verstreichen. Die Torte im vorgeheizten Backofen auf der untersten Schiene bei 175 °C 60 Minuten backen. Mit Schnittlauchsauce servieren.

Schnittlauchsauce (für ½ Liter Sauce)

30 g Butter in einem Topf zerlassen, 30 g Mehl zufügen und unter Rühren einige Minuten schwitzen lassen. Nach und nach 250 ml Geflügelfond (Rezept siehe Seite 27) zugießen und glatt rühren. 5 Minuten köcheln lassen. 2 Bund Schnittlauch waschen, trocken tupfen und in feine Röllchen schneiden. Frisch geriebene Muskatnuss und 1 Esslöffel Zitronensaft einrühren und kurz weiterköcheln lassen. 250 g Sahne zugießen und mit Salz und weißem Pfeffer abschmecken. Den Topf vom Herd nehmen, den Schnittlauch unterheben und sofort servieren.

KALBSSTEAK MIT STEINPILZEN UND TELTOWER RÜBCHEN

Gekochte, in Butter geschwenkte Teltower Rübchen waren das Lieblingsgemüse von Johann Wolfgang von Goethe.

FÜR 1 SPRINGFORM VON 24 CM DURCHMESSER
500 g Teltower Rübchen
(alternativ Mai- oder Herbstrübe)
Salz
200 g frische Steinpilze (oder
Kräutersaitlinge)
1 EL Butterschmalz
4 Kalbssteaks
Salz
Pfeffer aus der Mühle
150 g Sahne
2 Stängel glatte Petersilie
2 EL Butter
2 TL Zucker

1 Die Rübchen waschen und bürsten oder dünn schälen. In gesalzenem Wasser 20 bis 30 Minuten kochen, bis sie weich sind. Inzwischen die Pilze putzen, nach Bedarf kurz waschen und in Scheiben schneiden. Den Backofen auf 80 °C vorheizen.

2 Butterschmalz in der Pfanne erhitzen. Die Steaks salzen und pfeffern, in dem heißen Butterschmalz von beiden Seiten 4 bis 5 Minuten braten. Dann auf einer angewärmten Platte im Backofen warm halten.

3 Die Pilze in das verbliebene Fett in der Pfanne geben und unter häufigem Wenden 5 Minuten dünsten. Mit Salz und Pfeffer würzen. Die Sahne angießen und etwas einkochen lassen. Die Petersilie fein hacken.

4 Die Rüben abgießen, dabei das Kochwasser auffangen. Die Butter mit dem Zucker in einer Pfanne erhitzen, bis der Zucker braun wird. Die Rüben hineingeben und in der Pfanne schwenken, dann 1 knappe Tasse des Kochwassers zugeben und den Karamell damit lösen. Die Sauce bis auf einen kleinen Rest einkochen lassen und die Petersilie einstreuen.

5 Die Steaks aus dem Ofen nehmen und mit den Rübchen und der Sauce anrichten.

BORSCHTSCH

Rote Bete war nie so ganz mein Fall, aber dieses Rezept meiner ukrainischen Freundin Katja hat mich überzeugt, und Borschtsch ist in meiner Küche an Silvester inzwischen eine Art Tradition geworden.

FÜR 4 PORTIONEN
500 g Rinderbrust
Salz
10 Pfefferkörner
2 Lorbeerblätter
6 Pimentkörner
1 große Zwiebel
20 g Butter
500 g Rote Bete
2 EL Rotweinessig
1 EL brauner Zucker
weißer Pfeffer aus der Mühle
250 g Weißkohl
je 125 g Möhren und
Knollensellerie
4 Stängel Petersilie
1 EL Tomatenmark
1 Bund Dill
150 g saure Sahne

1 Die Rinderbrust in 1½ Liter kochendes Salzwasser geben, die Gewürze zufügen und etwa 90 Minuten sieden lassen.

2 Die Zwiebel pellen, grob würfeln und in der Butter dünsten. Rote Bete waschen, schälen, in Streifen schneiden und kurz mitschmoren. Den Rotweinessig zufügen, Zucker einstreuen und mit Salz und Pfeffer würzen. Etwa 125 ml von der Rinderbrühe zugießen und 50 Minuten köcheln lassen.

3 Den Weißkohl waschen, halbieren, den Strunk herausschneiden und den Kohl in Streifen schneiden. Die Möhren und den Sellerie schälen und würfeln. Petersilie waschen und trocken tupfen.

4 Das Rindfleisch aus der Brühe nehmen und in Würfel schneiden. Die Brühe durchsieben und zur Rote-Bete-Mischung geben. Weißkohl, Möhren, Sellerie, Petersilienstängel und Tomatenmark zufügen und nochmals 25 Minuten kochen. Das Fleisch in den letzten 5 Minuten in der Suppe erhitzen.

5 Den Dill waschen, trocken tupfen, hacken und auf die fertige Suppe streuen. Die saure Sahne separat zum Borschtsch reichen.

ROTE BETE IN ORANGEN-MARMELADE GESCHMORT

Dieses Rote-Bete-Gemüse habe ich zum ersten Mal in Eckart Witzigmanns damaligem Restaurant „Aubergine" gegessen und zu Hause nachgekocht. Zu Wildgerichten und gebratenem Fisch ist es ein wahrhafter Genuss.

FÜR 4 PORTIONEN
12 frische Rote Bete
1 EL Zucker
1 EL Salz
1 TL Kümmel
125 ml Obstessig
30 g Butter
3 EL Orangenmarmelade

1 Die Rote Bete waschen. In 2 Liter Wasser mit Zucker, Salz, Kümmel und dem Essig etwa 1 Stunde kochen. Die Rote Bete kalt abschrecken, schälen und achteln.

2 Die Butter zerlassen und die Orangenmarmelade zufügen. Die Rote Bete hineingeben, schwenken und kurz darin schmoren.

ROTE-BETE-SUPPE MIT GARNELEN

FÜR 4 PORTIONEN
400 g frische Rote Bete
1 mittelgroße Kartoffel (100 g)
2 TL gekörnte Gemüsebrühe
250 ml Weißwein
100 g Sahne
1 TL Aceto Balsamico
Salz
8–12 TK-Garnelen (Scampi), aufgetaut
1 Knoblauchzehe
1 Bund glatte Petersilie
40 g Butter
1 Stück frischer Meerrettich (etwa 5 cm)

1 Rote Bete und Kartoffel waschen, dünn schälen, fein raspeln und mit der gekörnten Brühe in einen Topf geben. ½ Liter Wasser angießen und zum Kochen bringen. Mit Deckel bei mittlerer Hitze etwa 30 Minuten köcheln lassen, bis das Gemüse weich ist. Die Suppe pürieren. Wein, Sahne und Aceto Balsamico einrühren, mit Salz abschmecken.

2 Die Garnelen, sofern nötig, aus der Schale brechen und mit einem spitzen Messer entlang der Rundung einschneiden und den Darm (schwarzen Faden) entfernen. Die Knoblauchzehe schälen und fein würfeln. Die Petersilie waschen, trocken schütteln und fein schneiden.

3 Die Butter in einer Pfanne erhitzen, den Knoblauch 1 Minute darin anbraten. Die Garnelen zugeben und 3 bis 4 Minuten in der Knoblauchbutter schwenken, bis sie rosa und gar sind. Salzen und mit der Petersilie bestreuen. Die Suppe auf vorgewärmte Teller verteilen und je eine Portion Garnelen in die Mitte setzen. Den Meerrettich schälen und großzügig über die Suppe raspeln.

TOPINAMBUR-SUPPE MIT WALDPILZEN

FÜR 4 PORTIONEN
400 g Topinambur
2 TL gekörnte Gemüsebrühe
200 g Sahne
100 g frische Waldpilze,
ersatzweise Champignons
oder Austernpilze
1 Knoblauchzehe
2 EL Butterschmalz
1 Bund Petersilie oder
Schnittlauch
Salz
frisch geriebene Muskatnuss

1 Die Topinamburknollen gründlich waschen und abbürsten oder leicht abschaben. Schälen ist nur bei älteren Exemplaren nötig. Die Knollen fein würfeln, mit ¾ Liter Wasser in einen Topf geben und zum Kochen bringen. Gekörnte Brühe und Sahne zugeben und alles etwa 10 Minuten kochen lassen.

2 Inzwischen die Pilze waschen, putzen und in feine Streifen schneiden. Die Knoblauchzehe schälen und fein hacken. Knoblauch und Pilze in dem Butterschmalz anbraten. Die Kräuter waschen, trocknen, fein hacken und mit den Pilzen vermischen.

3 Die Suppe mit einem Pürierstab pürieren. Mit Salz und Muskatnuss abschmecken. Die Suppe in Teller füllen und die Pilze in die Mitte setzen.

Topinambur-Chips

Die Topinamburchips sind eine meiner persönlichen Lieblingsbeilagen für viele Gerichte. Sie schmecken aber auch ganz einfach solo als Knabberei und sind schnell zubereitet. 4 mittelgroße Topinambur (ca. 150 g) gründlich waschen, eventuell sehr dünn abschälen. Die Knollen in 2 bis 3 mm feine Scheiben hobeln. In einer Pfanne 3 bis 4 TL Butterschmalz oder Olivenöl erhitzen, die Topinamburscheiben nebeneinander hineingeben, leicht salzen und unter ein- bis zweimaligem Wenden in 4 bis 5 Minuten knusprig braten.

TOPINAMBUR-TORTILLA

Das Original-Rezept kennt keine Champignons. Die habe ich erst viele Jahre später untergemischt und finde, dass sie die Tortilla zur besonders feinen Beilage zu gebratenem Fleisch oder Geflügel befördern.

FÜR 4 PORTIONEN

500 g Topinambur
1 Gemüsezwiebel
200 g Champignons
1 Bund Schnittlauch
8 Eier
Salz
Pfeffer aus der Mühle
8 EL Olivenöl

1 Die Topinambur waschen, schälen und in dünne Scheiben hobeln. Die Zwiebel pellen und würfeln, die Champignons säubern und in dünne Scheiben schneiden.

2 Den Schnittlauch waschen, trocken tupfen und in Röllchen schneiden. Die Eier mit den Schnittlauchröllchen, Salz und Pfeffer verquirlen.

3 Zwei Esslöffel Öl erhitzen, je ein Viertel der Topinambur-scheiben, der Zwiebelwürfel und der Champignons zufügen und alles etwa 5 Minuten braten. Ebenfalls ein Viertel der verquirlten Eier daraufgeben und ca. 2 Minuten braten, dann wenden.

4 Auf diese Weise 4 Tortillas herstellen. Dazu schmeckt „Salat quer durch den Garten" (Rezept siehe unten).

Salat quer durch den Garten (für 4 Personen)

3 Schalotten pellen und vierteln. 6 Esslöffel Olivenöl in einer Pfanne auf der geringsten Stufe erhitzen und die Schalotten darin glasig dünsten. Abkühlen lassen. Jeweils 1 Bund Brunnenkresse, Löwenzahn, Spinat, Löffelkraut, Basilikum und Petersilie putzen, waschen und gut trocken tupfen. In eine große Schüssel geben und mischen.

Das abgekühlte Öl und die Schalotten mit 2 Esslöffel Balsamico-Essig mischen, mit Salz und Zitronenpfeffer würzen und über den Salat gießen. Gut mischen.

SCHWARZWURZELN MIT MORCHELSAUCE

Die feinen Morcheln veredeln viele Fleisch- und Gemüsegerichte, auch wenn wir das als Kinder nicht zu schätzen wussten. Deshalb gab es diese Beilage meistens nur, wenn Gäste kamen.

FÜR 4 PORTIONEN
20 g getrocknete Morcheln
Saft von 1 Zitrone
500 g Schwarzwurzeln
Salz
1 EL gehackte Schalotte
4 EL Olivenöl
2 Eigelb
160 g Schlagsahne
1 EL gehackte Petersilie
Pfeffer aus der Mühle

1 Die Morcheln in lauwarmem Wasser einweichen. Etwa 1 Liter Wasser mit dem Zitronensaft vermischen. Die Schwarzwurzeln waschen und schälen. In 5 cm lange Stücke schneiden und in das Zitronenwasser legen. Mit 1 Prise Salz zum Kochen bringen und 20 Minuten garen.

2 Pilze abspülen, abtropfen lassen und fein hacken. Die gehackten Schalotten in 2 Esslöffeln Öl weich dünsten. Schwarzwurzeln abgießen und im restlichen Öl braten.

3 Eigelb im Wasserbad schaumig schlagen und andicken lassen. Sahne ebenfalls leicht schlagen, vorsichtig unter die Eiercreme mischen, dann Pilze und Petersilie unterheben. Mit Salz und Pfeffer abschmecken.

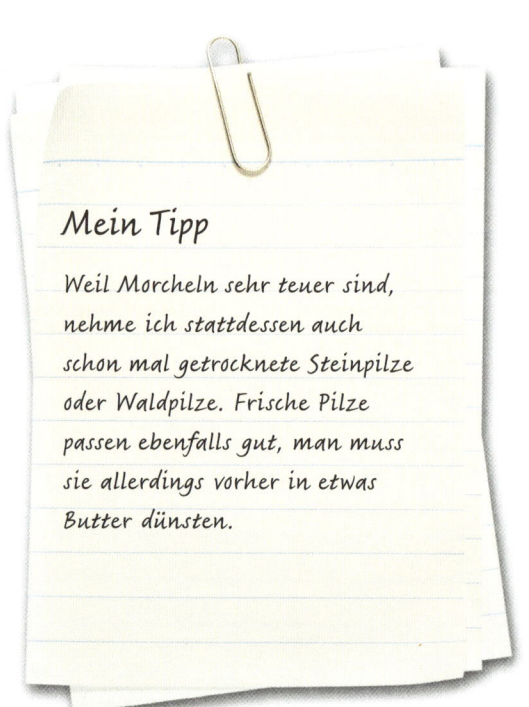

Mein Tipp

Weil Morcheln sehr teuer sind, nehme ich stattdessen auch schon mal getrocknete Steinpilze oder Waldpilze. Frische Pilze passen ebenfalls gut, man muss sie allerdings vorher in etwas Butter dünsten.

SCHWARZWURZELN MIT KRÄUTERSAUCE UND SCHWEINEMEDAILLONS

Ich liebe Bratkartoffeln zu diesem Gericht, und ganz besonders die, die meine Großmutter gemacht hat: festkochende Kartoffeln in der Schale kochen, abgießen und auskühlen lassen. Dann pellen und in 5 mm feine Scheiben schneiden. In einer gusseisernen oder beschichteten Pfanne 2 bis 3 EL Butter- oder Schweineschmalz erhitzen und die Kartoffelscheiben darin knusprig braun braten.

FÜR 4 PORTIONEN

500–600 g Schwarzwurzeln
Salz
3 EL Zitronensaft oder Essig
2 EL Butter
2 TL Mehl
200 g Sahne
Salz
1 TL Instant Gemüsebrühe
4 Medaillons vom Schweinefilet
1 EL Butterschmalz
3–4 EL Weißwein (oder Wasser)
1 Bund Schnittlauch
(oder Petersilie)

1 Die Schwarzwurzeln gründlich waschen. In einem breiten Topf 1 bis 2 Liter Wasser mit etwas Salz und 2 bis 3 Esslöffeln Zitronensaft oder Essig zum Kochen bringen. Die Schwarzwurzeln eventuell einmal quer durchschneiden, damit sie in den Topf passen, und mit der Schale 15 bis 20 Minuten blanchieren, dann kalt abschrecken und die Schale abziehen. Die geschälten Wurzeln schräg in 2 bis 3 cm lange Stücke oder 5 mm feine Scheiben schneiden.

2 Für die Sauce die Butter erhitzen. Das Mehl einstreuen und kurz anschwitzen. 250 ml Wasser und die Sahne angießen und kräftig rühren. Mit Salz und Gemüsebrühe würzen. Die Sauce bei schwacher Hitze 10 Minuten köcheln lassen, gelegentlich umrühren, dann die Schwarzwurzeln in die Sauce geben.

3 Die Medaillons salzen und in dem heißen Butterschmalz auf jeder Seite etwa 5 Minuten braten. Den Bratensatz mit etwas Weißwein ablösen und einkochen lassen.

4 Den Schnittlauch waschen, trocknen, fein schneiden und zu den Schwarzwurzeln geben.

KALBSRAHMGULASCH MIT ESTRAGON-KAROTTEN

FÜR 4 PORTIONEN

1 kg Kalbsschulter
3 Zwiebeln
4 EL Öl
1 TL Zucker
Salz
1 EL Paprikapulver (edelsüß)
1 EL Tomatenmark
¼ l Weißwein
800 ml Kalbsfond aus dem Glas
500 g Karotten
1 Bio-Zitrone
200 g saure Sahne
1 EL Mehl
1 Bund Estragon

1 Das Fleisch in 3 cm große Würfel schneiden. Die Zwiebeln fein würfeln.

2 Das Öl in einem Schmortopf erhitzen, die Zwiebeln darin hellbraun braten, Fleisch und Zucker zugeben und unter gelegentlichem Wenden ca. 5 Minuten anbraten. Salz, Paprikapulver und Tomatenmark zugeben und durchrühren. Weißwein und Kalbsfond angießen und bedeckt 40 Minuten köcheln lassen.

3 Die Karotten schälen und grob würfeln. Die Zitrone dünn schälen (ohne die weiße Haut) und ein Stück Zitronenschale mit den Karotten zum Fleisch geben, weitere 10 Minuten köcheln lassen.

4 Saure Sahne und Mehl mit einem kleinen Schneebesen verrühren, zügig in die Fleischsauce einrühren und noch einmal aufkochen lassen. Die Estragonblätter von den Stielen zupfen und an das Gulasch geben, mit Salz und einem Spritzer Zitronensaft abschmecken.

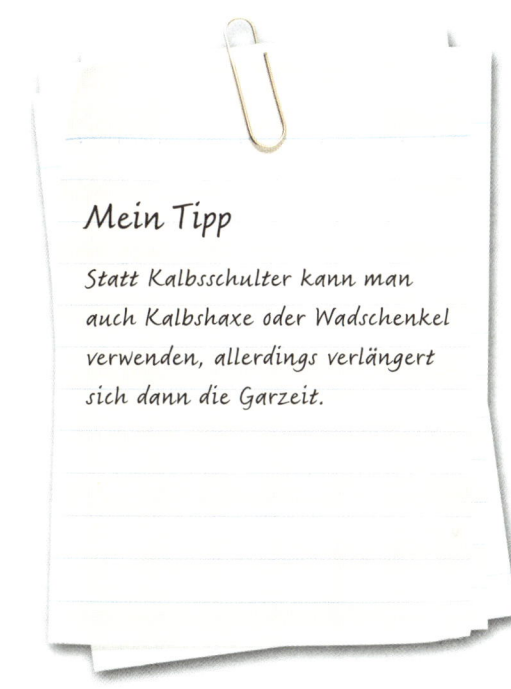

Mein Tipp

Statt Kalbsschulter kann man auch Kalbshaxe oder Wadschenkel verwenden, allerdings verlängert sich dann die Garzeit.

GEMÜSEPFANNE MIT DILLJOGHURT

FÜR 4 PORTIONEN
200 g Karotten
100 g Staudensellerie
1 gelbe Paprikaschote
½ kleine Chilischote
200 g junger Blattspinat
150 g Zuckererbsen
200 g Risoni Reisnudeln
5 EL Olivenöl
Salz
20 schwarze Oliven
ohne Stein
1 TL Zucker
½ Bund Dill
300 g Joghurt
Pfeffer

1 Alle Gemüse waschen. Karotten und Staudensellerie schälen und in feine Scheiben schneiden, Paprikaschote entkernen und grob würfeln, Chilischote entkernen und in feine Ringe schneiden. Den Spinat verlesen.

2 Die Zuckererbsen in kochendem Salzwasser 2–3 Minuten blanchieren und kalt abschrecken. Die Reisnudeln im selben Wasser nach Packungsanleitung nicht zu weich kochen und abgießen.

3 Das Öl in einer Pfanne erhitzen und Karotten, Paprika, Sellerie und Chili darin anbraten. 2–3 EL Wasser zugeben und bei mäßiger Hitze 5 Minuten bedeckt garen, dann Zuckererbsen, Spinat, Oliven und Nudeln zugeben. Die Temperatur etwas höher stellen, alles mischen und kurz braten, mit Salz und Zucker abschmecken.

4 Den Dill hacken, unter den Joghurt mischen, mit Salz und Pfeffer abschmecken und zu dem Gemüse reichen.

MEERRETTICH-KARTOFFEL-PÜREE MIT TAFELSPITZ UND GEMÜSE

Tafelspitz gibt es vom Rind oder Kalb. Mein Favorit ist der Kalbstafelspitz. Können Sie kein Tafelspitzstück bekommen, fragen Sie Ihren Metzger nach der Schwanzrolle, die je nach Region auch Nudel, weiße Rolle, runder Riemen oder runder Mocken genannt wird.

FÜR 4 PORTIONEN
FLEISCH UND GEMÜSE

Salz
600 g Rind- oder Kalbfleisch
zum Kochen (zum Beispiel
Tafelspitz, Hüftdeckel)
Pfeffer
1 EL Butterschmalz
2 Möhren
2 Petersilienwurzeln
1 Lorbeerblatt
2 Nelken
1 Zwiebel
6 Stangen Stangensellerie
1 Stange Porree

PÜREE
500 g mehlig kochende Kartoffeln
150 g frischer Meerrettich
250 ml Sahne oder Milch
2 EL Butter

1 2 Liter Wasser mit 2 Teelöffeln Salz zum Kochen bringen. Das Fleisch waschen, trocken tupfen, mit Salz und Pfeffer würzen. Das Butterschmalz in einer Pfanne erhitzen und das Fleisch darin auf allen Seiten anbraten, dann in das kochende Wasser geben und bedeckt bei mittlerer Hitze 60 bis 90 Minuten (je nach Fleischqualität) sieden lassen.

2 Möhren und Petersilienwurzeln waschen und schälen. Das Lorbeerblatt mit den Nelken an der Zwiebel feststecken. Alles zusammen zum Fleisch in die Brühe geben. Die Selleriestangen waschen und in Stücke schneiden. Den Porree putzen, längs in Streifen schneiden, dann waschen. Beides nach etwa 45 Minuten Garzeit zum Fleisch geben.

3 Für das Püree die Kartoffeln schälen, in große Stücke schneiden und in wenig Wasser weich kochen. Den Meerrettich waschen, schälen, fein reiben, in einen kleinen Topf geben, sofort mit der Sahne übergießen und erhitzen. Die gegarten Kartoffeln durch eine Presse in eine Schüssel drücken. Die Petersilienwurzeln und die Zwiebel (Lorbeerblatt und Nelke entfernen) aus der Brühe nehmen, durch die Presse zu den Kartoffeln drücken, dann mit dem Schneebesen die Meerrettichsahne und die Butter in die Masse rühren. Mit Salz abschmecken. Das Püree sollte cremig sein, sonst noch etwas Brühe einrühren.

4 Das Fleisch aus der Brühe heben, kurz ruhen lassen, dann quer zur Faser in Scheiben schneiden. Möhren und Porree in Stücke schneiden. In vier Suppenteller je eine kleine Kelle Brühe geben, eine Scheibe Fleisch und Gemüse hineingeben. Etwas Püree auf das Fleisch setzen, mit Petersilie garnieren und servieren.

SELLERIESCHNITZEL „CORDON BLEU"

FÜR 4 PORTIONEN
2 Sellerieknollen
Salz
Pfeffer aus der Mühle
4 Scheiben Schinken
4 Scheiben Schnittkäse
1 Ei
2–3 EL Semmelbrösel
3–4 EL Butterschmalz

1 Die Sellerieknollen putzen, schälen und in Salzwasser oder im Dampfgarer etwa 25 Minuten blanchieren. Herausnehmen, etwas abkühlen lassen und in acht 5 bis 6 mm dicke Scheiben schneiden, die etwa gleich groß sein sollten (die Randstücke für andere Zwecke verwenden). Die Scheiben mit Salz und Pfeffer würzen.

2 Die Hälfte der Scheiben mit je 1 Schinken- und Käsescheibe belegen, mit den restlichen Selleriescheiben abdecken. Mit einem Zahnstocher oder einer Rouladennadel fixieren, dann vorsichtig flach drücken.

3 Das Ei auf einen Teller geben und mit einer Gabel verschlagen. Die Semmelbrösel auf einen zweiten Teller geben. Die Sellerieschnitzel nacheinander erst in das Ei, dann in die Brösel tauchen und in einer beschichteten Pfanne in dem erhitzten Butterschmalz von beiden Seiten goldbraun braten.

KARTOFFEL-SELLERIE-PÜREE

FÜR 4 PORTIONEN
500 g Sellerieknolle
500 g mehligkochende Kartoffeln
400–500 ml Milch
1 EL Butter
Salz
frisch geriebene Muskatnuss

1 Sellerie und die Kartoffeln waschen, schälen, grob würfeln und in wenig Wasser 15 bis 20 Minuten weich kochen.

2 Die Milch für das Püree erhitzen. Sellerie und Kartoffeln durch eine Presse in eine Schüssel drücken oder zerstampfen. Butter, Salz und Muskat zugeben und mit dem Rührbesen so viel Milch einarbeiten, bis ein cremiges Püree entstanden ist. Das Püree abschmecken und zum Beispiel zu Frikadellen servieren.

WIRSINGROULADEN MIT KNOLLENSELLERIE- UND BREZELFÜLLUNG

Diese Wirsingrouladen am besten mit Sauerkraut und mittelscharfem Senf servieren.

FÜR 4 PORTIONEN
1 mittelgroße Zwiebel
100 g Champignons
200 g Knollensellerie
1 EL Blattpetersilie
1 EL Schnittlauch
1 EL Majoran
250 g Laugenbrezeln vom Vortag
50 ml Gemüsebrühe
1 EL Butter
3 Eier (M)
Salz
schwarzer Pfeffer, frisch
aus der Mühle
4 große grüne Wirsingblätter

1 Zwiebel, Pilze und Sellerie vorbereiten und fein würfeln. Die Kräuter fein schneiden. Die Brezeln in der Brühe einweichen und anschließend gut ausdrücken. Die Butter in einer Bratpfanne erhitzen und die Zwiebel glasig anschwitzen.

2 Champignons und Sellerie dazugeben und so lange anbraten, bis keine Flüssigkeit mehr da ist. Das Ganze zur Brezelmasse geben und Eier und Kräuter untermischen.Alles gut vermischen und mit Salz und Pfeffer abschmecken.

3 Die Wirsingblätter kurz in kochendem, gut gesalzenem Wasser blanchieren und mit kaltem Wasser abschrecken. Vier große Blätter auf Frischhaltefolie ausbreiten, die Brezelmasse darauf verteilen und die Wirsingblätter mit der Folie zusammenrollen.

4 Alle Rollen auf ein großes Stück Alufolie legen und diese Folie noch mal zusammenrollen.

5 In einem Topf Wasser zum Sieden bringen, das Rollen-Paket hineingeben und ca. 30 Minuten garen. Die Rollen auspacken und sofort servieren. Wer es noch deftiger und mit Fleisch mag, dem empfehle ich eine Bauernbratwurst zu diesem Gericht.

SPARGELPUFFER MIT SCHNITTLAUCHFRISCHKÄSE

FÜR 4 PORTIONEN
400 g Kartoffeln
500 g grüner Spargel
2 Eier
Salz, Pfeffer
frisch geriebene Muskatnuss
80 g Butterschmalz
500 g Frischkäse
100 ml Milch
1 Bund Schnittlauch

1 Die Kartoffeln schälen und grob raspeln. In ein Sieb geben und gut ausdrücken, die Flüssigkeit dabei auffangen. Das Kartoffelwasser vorsichtig abgießen und die abgesetzte Stärke wieder zu den Kartoffeln geben.

2 Den Spargel waschen, holzige Enden abschneiden. Spargelstangen ebenfalls grob raspeln. Spargel und Eier zu den Kartoffeln geben, alles gut mischen. Mit Salz, Pfeffer und Muskatnuss würzen.

3 Das Butterschmalz in einer großen beschichteten Pfanne erhitzen. Die Kartoffel-Spargel-Masse löffelweise hineingeben, glatt streichen und auf beiden Seiten bei mittlerer Hitze je 5 Minuten braun und knusprig braten.

4 Den Frischkäse mit der Milch glatt verrühren, salzen und pfeffern. Den Schnittlauch abbrausen, trocken schütteln und in feine Röllchen schneiden. Unter den Frischkäse mischen und zu den Puffern servieren.

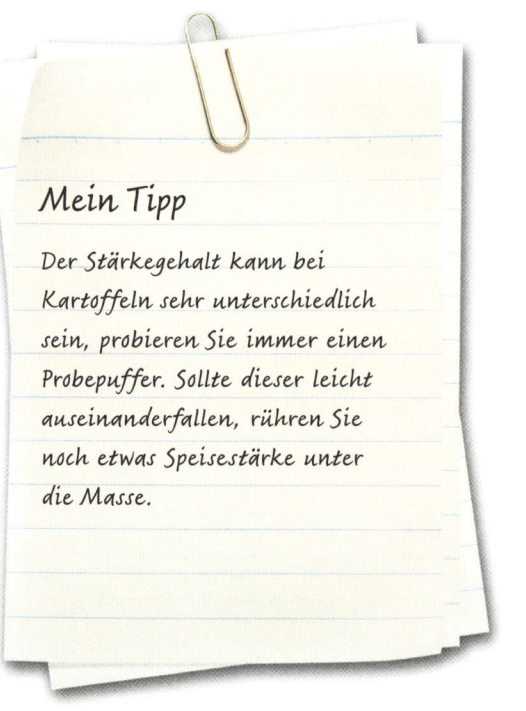

Mein Tipp

Der Stärkegehalt kann bei Kartoffeln sehr unterschiedlich sein, probieren Sie immer einen Probepuffer. Sollte dieser leicht auseinanderfallen, rühren Sie noch etwas Speisestärke unter die Masse.

SPARGELKNÖDEL MIT SALBEIBUTTER

FÜR 4 PORTIONEN

250 g Brötchen vom Vortag

250 ml Milch

1 Zwiebel

2 Möhren

500 g grüner Spargel

1 Bund Petersilie

5 Eier

3 EL Olivenöl

2–3 EL Semmelbrösel

Salz, Pfeffer aus der Mühle

frisch geriebene Muskatnuss

5 Zweige frischer Salbei

80 g Butter

frisch geriebener Parmesan zum Servieren

1 Die Brötchen in dünne Scheiben schneiden. Die Milch kurz aufkochen und heiß über die Brötchenscheiben gießen, abgedeckt quellen lassen.

2 Die Zwiebel schälen und fein würfeln. Die Möhren putzen, schälen und klein würfeln. Den Spargel waschen und die holzigen Enden abschneiden. Die Stangen je nach Dicke längs halbieren oder vierteln, dann ebenfalls klein würfeln. Die Petersilie abspülen, trocken schütteln und fein hacken. Die Eier verquirlen.

3 Das Öl in einer großen Pfanne erhitzen, die Zwiebelwürfel darin glasig andünsten. Möhren- und Spargelwürfel zugeben und bei mittlerer Hitze ca. 5 Minuten dünsten. Semmelbrösel, Gemüsewürfel, Petersilie und Eier unter die eingeweichten Brötchen mischen. Mit Salz, Pfeffer und Muskatnuss würzen.

4 Mit feuchten Händen aus der Masse ca. 12 kleine Knödel formen und in reichlich kochendes Salzwasser legen. Die Hitze reduzieren und die Knödel ca. 15–20 Minuten gar ziehen lassen.

5 Den Salbei waschen und trocken schütteln, die Blättchen abzupfen. Die Butter in einer großen Pfanne aufschäumen und die Salbeiblätter darin kurz anbraten. Die Knödel herausheben, gut abtropfen lassen und auf 4 Tellern anrichten. Salbeibutter über die Knödel verteilen und mit reichlich Parmesan bestreut servieren.

KOHL

Kohl gehört zu den Grundzutaten der deutschen Küche. Die verschiedenen Sorten bieten eine große optische und geschmackliche Palette und sind zudem gesund. Nehmen Sie Abschied von dem Ammenmärchen, Kohl brauche unbedingt eine lange Garzeit. Kochen Sie Kohl auf die neue Art, damit die vielen Biostoffe nicht zerstört werden.

WEISSKOHL, auch Weißkraut, Weißkabis oder Kappes genannt, und **ROTKOHL** (Rotkraut) haben ähnliche Inhaltsstoffe. Elegante Verwandte dieser Gemüsefamilie sind der zarte Spitz- oder Butterkohl und der würzig schmeckende Wirsing mit den krausen Blättern, der in manchen Gegenden auch Savoyer- oder Welschkohl genannt wird. Diese Kohlsorten sind äußerst ballaststoffreich und liefern viele Vitamine und Mineralstoffe.

Weiß- und Rotkohl enthalten reichlich Folsäure, weitere wichtige Vitamine der B-Gruppe und Vitamin C. Bedeutend ist der Gehalt an Mangan (für Schilddrüse, Haut und Haare), Selen und Zink. Diese Spurenelemente sind für die Hormonbildung und als Immunschutz wichtig. Das in den Kohlsorten enthaltene Zink ist bioaktiv optimal verwertbar.

Sauerkraut entsteht durch milchsaure Gärung aus fein geschnittenem, gesalzenem Weißkraut und sammelt durch diesen Prozess noch weitere Pluspunkte: Durch die Fermentation entsteht das hochaktive Vitamin B 12, das einzige Vitamin der B Gruppe, das normalerweise nicht in pflanzlicher Kost enthalten ist.

Beim **BLUMENKOHL**, einem engen Verwandten des Brokkoli, werden die besonders zarten Blütenknospen gegessen. Blumenkohl tauchte zum ersten Mal im 16. Jahrhundert in Italien auf und drängte dort den Brokkoli in den Hintergrund. Er wirkt entwässernd und sättigt rasch, ist daher ideal für alle, die ohne Hungern abnehmen möchten. Blumenkohl fördert die Blutbildung und hilft beim Aufbau der Darmschleimhaut und kann so Darmkrankheiten vorbeugen.

GRÜN- UND ROSENKOHL, die beiden beliebten Winterkohlsorten, trotzen dem Frost und liefern uns als letztes Frischgemüse im Jahr eine geballte Vitamin- und Mineralstoffladung. Der unscheinbare Grünkohl gehört zu den gehaltvollsten Gemüsesorten und sollte daher mehr beachtet werden. Er ist das ideale Wintergemüse, das den Körper vor drohenden Erkältungen schützen kann. Sein Vitamin C ist nämlich in einer Art Reservestufe in ihm enthalten und wird erst beim Kochen gebildet. Beide Gemüse brauchen Frost, um ihr volles Aroma zu entwickeln.

GEFÜLLTER SPITZKOHL

Ich lernte ihn erst später in meinem Leben kennen, aber Spitzkohl
wurde zu einem meiner Lieblingsgemüse und so wie hier, mit Hackfleisch
gefüllt, mag ihn auch mein Sohn besonders gerne.

FÜR 4 PORTIONEN

1 Spitzkohl
1 Zwiebel
1 Knoblauchzehe
3 Möhren
2 EL Butter
2 EL Sonnenblumenöl
1 Bund Petersilie
500 g gehacktes Schweinefleisch
1 Ei
3 EL Paniermehl
Salz
Pfeffer aus der Mühle
Sonnenblumenöl zum Einfetten

1 Den Spitzkohl waschen, längs halbieren und in reichlich
kochendem Wasser etwa 6 Minuten blanchieren, gut abtropfen
lassen. Die inneren Blätter herausnehmen und in feine Streifen
schneiden.

2 Die Zwiebel und den Knoblauch pellen. Die Zwiebel fein
würfeln, den Knoblauch durchpressen. Die Möhren schälen
und raspeln.

3 Die Butter mit dem Öl in einem Topf erhitzen, die Zwiebelwürfel, den klein geschnittenen Kohl, den durchgepressten
Knoblauch und die Möhrenraspel hineingeben und etwa 5 Minuten dünsten. Die Petersilie waschen, hacken und unterheben.

4 Das Hackfleisch mit dem verquirlten Ei und dem Paniermehl
mischen und das Gemüse unterziehen. Mit Salz und Pfeffer würzen. Die Mischung in die beiden Kohlhälften füllen.

5 Eine große, feuerfeste Form mit Öl einpinseln und die Kohlhälften gegeneinander hineinsetzen. Den Spitzkohl im vorgeheizten Backofen bei 180 °C 35 Minuten backen.

SPITZKOHL MIT MORCHELN UND FISCHFILET

Der elegante und zarte Spitzkohl zeigt, dass Kohl überhaupt nicht „kohlig" schmecken muss, sondern sogar hohe kulinarische Ehren erreichen kann.

FÜR 4 PORTIONEN

10 g getrocknete Spitzmorcheln
500 g Spitzkohl
2 Schalotten
600 g Fischfilet
(Lachs oder Kabeljau)
Saft von 1 Zitrone
Salz
40 g Butter
200 g Sahne
Pfeffer
1 TL gekörnte Gemüsebrühe
1 EL Butterschmalz
1 EL Mehl

1 Die Morcheln mit 250 ml kochendem Wasser übergießen und 1 Stunde quellen lassen. Den Spitzkohl putzen, waschen und in 1 cm breite Streifen schneiden. Die Schalotten schälen und fein würfeln. Die Fischfilets waschen, mit Zitronensaft beträufeln und salzen.

2 Die Morcheln durch ein Filterpapier abgießen und das Wasser auffangen. Die Morcheln nochmals gut abspülen, um eventuelle Sandreste zu entfernen. Große Morcheln längs halbieren.

3 Die Butter in einer Pfanne erhitzen, die Schalotten glasig dünsten, Morcheln und Kohlstreifen zugeben, kurz andünsten, dann das Einweichwasser angießen. Die Sahne einrühren und das Gemüse bei mittlerer Hitze etwa 10 Minuten dünsten. Mit Salz, Pfeffer und Gemüsebrühe würzen.

4 In einer Pfanne das Butterschmalz erhitzen, die Fischfilets kurz in Mehl wenden und auf beiden Seiten 2 bis 3 Minuten braten. Den Fisch auf dem Gemüse anrichten und servieren.

Mein Tipp

Zu diesem feinen Menü kann man zusätzlich schmale Bandnudeln, Kartoffeln oder ein sahniges Rübenpüree reichen. Die (teuren) Morcheln kann man durch frische Austernpilze oder Egerlinge ersetzen. Diese in Streifen schneiden und vor der Zugabe des Kohls anbraten.

GRATINIERTER WIRSING MIT SALBEI UND PILZEN

FÜR 4 PORTIONEN
1 mittelgroßer Wirsing
(etwa 700 g)
10 Salbeiblättchen
60 g Butter
Salz
200 g Wald- oder Austernpilze
1 Knoblauchzehe
2 EL Pflanzenöl
1 Bund glatte Petersilie
Pfeffer
50 g Bergkäse am Stück

1 Den Wirsing waschen und putzen. Abstehende, lose Blätter entfernen und zum Beispiel für eine Gemüsebrühe verwenden. Den Wirsingkopf achteln, aber den Strunk nicht ausschneiden, damit die Stücke zusammenhalten. Die Salbeiblätter waschen und in Streifen schneiden.

2 Die Butter in einer großen Pfanne aufschäumen lassen. Den Salbei darin andünsten. Die Wirsingstücke hineinlegen, ½ Tasse Wasser angießen, salzen und mit Deckel bei mittlerer Hitze etwa 5 Minuten dünsten.

3 Die Pilze putzen und in Streifen schneiden. Den Knoblauch schälen und fein hacken. In einer zweiten Pfanne das Öl erhitzen und die Pilze mit dem Knoblauch unter Rühren 4 bis 5 Minuten darin braten.

4 Die Wirsingstücke wenden und weitere 5 Minuten dünsten. Eventuell noch etwas Wasser angießen. Die Petersilie waschen, trocknen, hacken und unter die Pilze mischen. Mit Salz und Pfeffer würzen. Die Pilze zum Wirsing geben, den Käse reiben und darüber streuen und mit geschlossenem Deckel gratinieren, bis der Käse geschmolzen ist.

Mein Tipp

Sie können die Zutaten auch in eine Auflaufform schichten und im Backofen überbacken. Als Beilage passen Reis oder Nudeln dazu.

SAFRANWIRSING MIT PUTEN-RÖLLCHEN

Ich liebe die Kombination von Wirsing und Safran und dies ist eines meiner Lieblingsrezepte. Es geht schnell, schmeckt fantastisch und passt mit seiner edlen Geschmacksnote gut zu festlichen Menüs.

FÜR 4 PORTIONEN

WIRSINGGEMÜSE

1 kg Wirsing

2 Zwiebeln

4 Stängel glatte Petersilie

2 EL Butter

1 Tütchen Safranpulver

3–4 EL Sahne

Salz

Pfeffer aus der Mühle

2 TL gekörnte Gemüsebrühe

PUTENRÖLLCHEN

4 Putenschnitzel von je 100 g

4 dünne Scheiben geräucherter Schinken

4 Scheiben Käse (zum Beispiel Gouda oder Bergkäse)

2 EL Butterschmalz

1 Den Wirsing putzen, vierteln, den Strunk herausschneiden und den Kohl in feine Streifen schneiden. Die Zwiebeln schälen und würfeln. Die Petersilie hacken.

2 Die Butter in einem Schmortopf erhitzen und die Zwiebeln darin goldbraun braten. Den Wirsing zugeben, kurz andünsten, etwa 250 ml Wasser angießen und das Safranpulver einrühren. Den Wirsing bedeckt bei mittlerer Hitze etwa 15 Minuten dünsten. Dann die Sahne einrühren und mit Salz, Pfeffer und Gemüsebrühe abschmecken. Zuletzt die Petersilie untermischen.

3 Für die Putenröllchen die Schnitzel auf ein Brett legen, etwas klopfen und leicht pfeffern. Auf jedes Fleischstück 1 Scheibe Schinken und 1 Scheibe Käse legen, aufrollen und mit Rouladennadeln oder Zahnstochern feststecken.

4 Das Butterschmalz in einem Bräter oder in einer Pfanne erhitzen. Die Fleischröllchen anbraten, etwas Wasser angießen und die Röllchen zugedeckt 10 bis 15 Minuten garen lassen.

STIELMUSGEMÜSE

Ein Rezept von Tante Käthe aus Köln, die uns häufig besuchte und die meiste Zeit mit meiner Großmutter schwatzend in der Küche verbrachte. Und kochen konnte sie auch ganz gut.

FÜR 4 PORTIONEN

1 kg Stielmus
500 g Kartoffeln
500 ml Fleischfond (Rezept siehe Seite 14/15)
Salz
frisch geriebene Muskatnuss
60 g Butter

1 Das Stielmus gründlich waschen, gut abtropfen lassen und in Streifen schneiden. Die Kartoffeln schälen und grob würfeln.

2 Den Fleischfond in einem Topf zum Kochen bringen. Stielmus und Kartoffeln im erhitzten Fleischfond etwa 20 Minuten kochen.

3 Mit Salz und frisch geriebener Muskatnuss abschmecken und mit einem Kartoffelstampfer zerstampfen. Zum Schluss die Butter unterrühren.

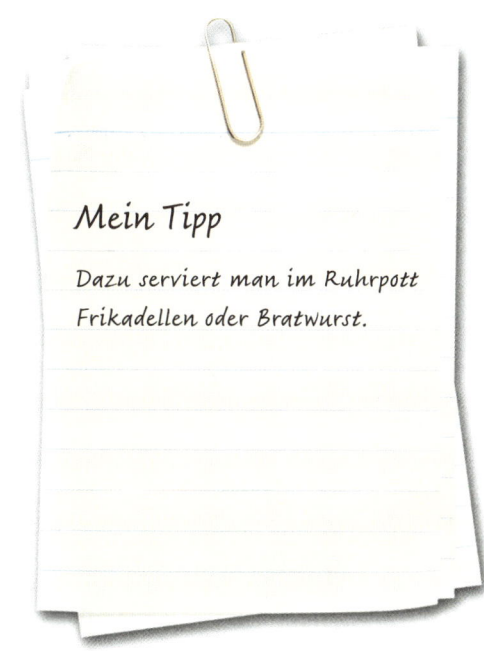

Mein Tipp

Dazu serviert man im Ruhrpott Frikadellen oder Bratwurst.

KOHLSTREIFEN MIT KARTOFFELN

Dieses Gericht ist eines unserer Lieblingsrezepte aus der Kategorie
„einfach und gut". Die Kombination von knusprig gebratenen Kartoffelscheiben und angebratenem Weißkraut ergibt ein feines Aroma,
das ein bisschen an Steinpilze erinnert.

FÜR 4 PORTIONEN

1 kg vorwiegend fest-
kochende Kartoffeln
1 kleiner Kopf Weißkraut
(etwa 500 g)
2 Zwiebeln
1 Bund Petersilie
2 EL Pflanzenöl
Salz
Pfeffer aus der Mühle
1 Prise Kümmel
2 EL Butter- oder Schweineschmalz

1 Die Kartoffeln waschen und in wenig Wasser etwa 20 Minuten kochen, sie sollen nicht zu weich werden.

2 Den Kohl putzen, halbieren und in Streifen schneiden. Die Zwiebeln schälen und fein würfeln. Die Petersilie waschen, trocknen und die Blätter hacken.

3 Das Öl in einem Topf erhitzen, die Zwiebeln darin goldbraun braten. Die Kohlstreifen zugeben, mit Salz, Pfeffer und Kümmel würzen und etwa 5 Minuten unter gelegentlichem Rühren dünsten. 1 Tasse Wasser angießen, den Deckel auflegen und das Gemüse etwa 20 Minuten nicht ganz weich garen.

4 Die Kartoffeln abgießen, kalt abschrecken, leicht abkühlen lassen, pellen und in Scheiben schneiden. Das Butterschmalz in einer Pfanne erhitzen und die Kartoffeln darin knusprig braun braten. Die Kohlstreifen und die Petersilie zu den Kartoffeln geben, vorsichtig untermischen und mit Salz und Pfeffer abschmecken.

KRAUTSALAT

FÜR 4 PORTIONEN

500 g Weißkohl
Salz
50 g Räucherspeck
2 Schalotten
2 TL Obstessig
5 EL Sonnenblumen- oder Olivenöl
Pfeffer
Kümmel
1 Bund Schnittlauch

1 Den Weißkohl putzen, vierteln, den Strunk ausschneiden und den Kohl fein hobeln. Die Krautstreifen in einer Schüssel mit etwas Salz vermischen und mit einem Stampfer oder mit der Faust kräftig stampfen. Dann einige Minuten ziehen lassen.

2 Die Schalotten schälen und ebenso wie den Speck fein würfeln. In einer Pfanne den Speck auslassen, die Schalotten darin anbraten und auf das Weißkraut geben. Essig, Öl, Salz, Pfeffer und Kümmel zugeben, gründlich durchmischen und abschmecken. Der Krautsalat sollte jetzt mindestens 30 Minuten ziehen. Kurz vor dem Servieren den fein geschnittenen Schnittlauch untermischen.

WEISSKOHLEINTOPF MIT SPECK

FÜR 4 PORTIONEN

750 g vorwiegend festkochende
Kartoffeln
1 Weißkohl (ca. 1 kg)
Salz
1 EL Paprika edelsüß
½–1 TL Kümmelkörner
300 g durchwachsener Speck
1 große Zwiebel
200 g Schmand

1 Die Kartoffeln schälen und würfeln. Den Kohl in feine Streifen schneiden und mit den Kartoffeln in ¾ l Salzwasser ca. 10 Minuten kochen. Nach 5 Minuten Paprika und Kümmel zufügen.

2 In der Zwischenzeit den Speck in Würfel schneiden, die Zwiebel ebenfalls würfeln. Zuerst den Speck in eine Pfanne geben und braten, bis etwas Fett ausgetreten ist. Dann die Zwiebelwürfel hinzufügen und braten, bis sie glasig sind.

3 Den Inhalt der Pfanne zum Gemüse geben und alles zusammen weiter köcheln, bis die Kartoffeln gar sind.

4 Den Schmand in einem Schälchen glatt rühren. Den Eintopf herzhaft abschmecken und dampfend heiß servieren. Schmand löffelweise auf die Portionen verteilen.

Mein Tipp

Wer mag, kann den Kohl statt mit Kartoffeln mit Bandnudeln servieren. Dann aber den Kohl in nur 250 ml Wasser garen.

FEINES KOHLRABIGEMÜSE

Als Kind mochte ich Kohlrabi nicht sonderlich. Aber wenn ihn meine Großmutter nach diesem Rezept zubereitete, war der Teller schnell leer gegessen.

FÜR 4 PORTIONEN
2 mittelgroße Kohlrabi
1 mittelgroße Zwiebel
2 EL Butter
ausgeschabtes Mark
von ½ Vanilleschote
1 EL brauner Zucker
50 ml Gemüsebrühe
Salz
frisch gemahlener Pfeffer
1 Messerspitze Cayennepfeffer
3 EL Crème fraîche
1 EL frische Majoranblättchen,
oder 1 TL getrocknete

1 Kohlrabi schälen und in feine Stifte schneiden. Zwiebel fein würfeln.

2 Die Zwiebelwürfel in der Butter glasig anschwitzen. Kohlrabi, Vanillemark und Zucker dazugeben und mitdünsten. Mit Gemüsebrühe auffüllen und aufkochen. Mit Salz, Pfeffer und Cayennepfeffer würzen. 8–12 Minuten garen, bis das Gemüse weich ist.

3 Nun die Crème fraîche einrühren und den Majoran zufügen. Heiß servieren zu Puten- oder Kaninchenbraten oder zu kross gebratenem Fisch.

Mein Tipp

Bei manchen regionalen Anbietern oder Biobetrieben erhält man die Sorte »Butterkohlrabi«. Dieser hat ein unvergleichlich feines Aroma. Es lohnt sich, danach zu suchen.

KOHLRABISCHNITZEL MIT SESAM-KRÄUTERDIP

FÜR 4 PORTIONEN

KRÄUTERDIP

250 g Quark (20 % Fett)
4 EL Magerjoghurt
2 Frühlingszwiebeln
1 Knoblauchzehe
1 Tüte TK-Kräutermix
frisch gemahlener Pfeffer
einige Tropfen Sesamöl
1–2 Spritzer Sojasauce
Salz

KOHLRABISCHNITZEL

4 mittelgroße Kohlrabi
Salz
2 Eier (Größe L)
2 EL Pflanzenöl
4 EL Sesamöl
frisch gemahlener Pfeffer
100 g Mehl
200 g Sesamsamen

1 Für den Dip den Quark mit dem Joghurt verrühren. Die weißen und die knackigen grünen Teile der Frühlingszwiebeln sehr fein schneiden und zur Quarkmischung geben. Den Knoblauch hineinpressen, die gemischten Kräuter zufügen und alles gut verrühren. Mit Pfeffer, Sesamöl, Sojasauce und zuletzt mit Salz würzen. Mehrere Stunden gekühlt durchziehen lassen.

2 Nun Kohlrabi schälen und in 1 cm dicke Scheiben schneiden. In kochendem Salzwasser ca. 5 Minuten garen. Herausnehmen und unter kaltem Wasser abschrecken.

3 Die Eier verquirlen. Beide Ölsorten zusammen in einer Pfanne heiß werden lassen. Die Kohlrabischeiben salzen und pfeffern. Nun zuerst in Mehl wenden, dann durch die Eier ziehen und zuletzt in Sesam wenden. Im Öl goldbraun braten.

4 Zu den Kohlrabischnitzeln Salzkartoffeln servieren.

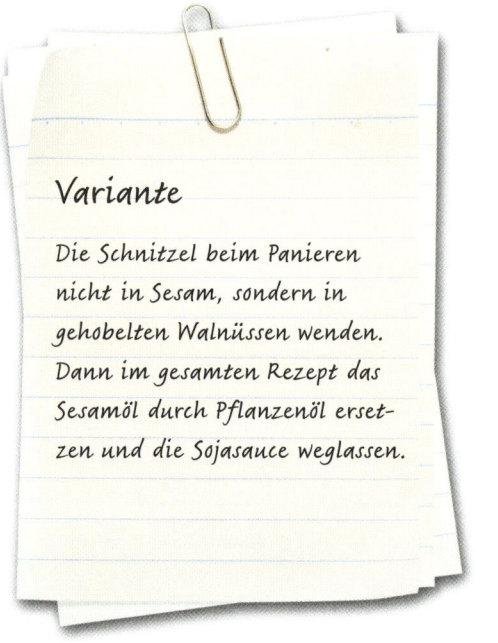

Variante

Die Schnitzel beim Panieren nicht in Sesam, sondern in gehobelten Walnüssen wenden. Dann im gesamten Rezept das Sesamöl durch Pflanzenöl ersetzen und die Sojasauce weglassen.

ROTKOHL MIT ÄPFELN UND MARONEN

In meinem Elternhaus gehörte Rotkraut im Winter ganz selbstverständlich als Beilage zu Rouladen, Gans oder Ente. Mindestens 10 Gewürze sollten beim Kochen von Rotkraut verwendet werden, damit dieses beliebte Wintergemüse so richtig gut schmeckt. Wichtig ist beim Würzen von Rotkohl die Zugabe von Zucker oder rotem Gelee.

FÜR 4 PORTIONEN

1 Rotkohl (etwa 800 g)
2 Zwiebeln
1 Stück Ingwer
4 EL Butter- oder Schweineschmalz oder Öl
2 EL Rotweinessig
1 EL Aceto Balsamico
Salz
Pfeffer aus der Mühle
1–2 TL Zucker
4 Gewürznelken
4 Wacholderbeeren
4 Pimentkörner
frisch geriebene Muskatnuss
Zimtpulver oder Sternanis
2 EL Johannisbeergelee
250 g frische Maronen (Esskastanien)
2 Äpfel

1 Den Rotkohl putzen, waschen und in Streifen hobeln. Die Zwiebeln schälen und in Ringe schneiden. Den Ingwer schälen und fein hacken.

2 Butterschmalz in einem großen Topf erhitzen, Zwiebeln und Ingwer kurz darin andünsten. Den Rotkohl zugeben und einige Minuten unter Rühren braten lassen. Die Essige, knapp ½ Liter Wasser, Salz, die Gewürze und das Gelee einrühren und den Kohl mit geschlossenen Deckel etwa 40 Minuten schmoren lassen.

3 Inzwischen die Maronen waschen, an der Spitze kreuzweise einschneiden und in kochendem Wasser etwa 20 Minuten garen, bis sie innen weich sind. Abgießen, kalt abschrecken und die äußere Schale und das innere gelbe Häutchen mit einem spitzen Messer entfernen.

4 Die Äpfel waschen, schälen, entkernen und in Stücke schneiden. Maronen und Apfelstücke zum Rotkohl geben und noch einige Minuten ziehen lassen. Mit Salz, Zucker und eventuell etwas Aceto Balsamico abschmecken.

Mein Tipp

Wenn Sie ein schönes Essen mit wenig Aufwand zubereiten möchten, schmoren Sie in dem Kraut Gänse- oder Entenkeulen mit, die sie vorher kurz rundum angebraten haben. Sie werden garantiert butterzart. Schmoren Sie Gemüse und Fleisch dann 1,5 bis 2 Stunden bei etwa 100 °C im Backofen.

ROTKOHLSALAT MIT GRANATAPFELKERNEN

FÜR 4 PORTIONEN ALS BEILAGE

1 kleiner Rotkohl (etwa 600 g)

Salz

1 TL brauner Zucker

1 Orange oder rosa Grapefruit, alternativ Ananas

1 Granatapfel

1 EL frischer Zitronensaft

1 EL Rotweinessig oder Aceto Balsamico

2 EL Haselnuss- oder Walnussöl

frisch gemahlener Pfeffer

50 g Kresse

1 Den Rotkohl putzen, waschen und sehr fein in eine Schüssel hobeln. Die Kohlstreifen mit Salz und Zucker vermischen und mit einem Stampfer oder mit der Faust leicht stampfen.

2 Die Orange schälen und filetieren. Den Blütenansatz des Granatapfels kreisförmig herausschneiden und die Schale leicht von oben nach unten einritzen. Dann die Frucht aufbrechen und die Kerne herauspulen (das geht leider nicht ganz ohne Spritzer in alle Richtungen). Orangenfilets und Granatapfelkerne mit Zitronensaft und Essig unter die Kohlstreifen mischen und mindestens 1 Stunde ziehen lassen.

3 Das Öl untermischen, mit Salz, Pfeffer und Zitronensaft abschmecken und mit Kresse garniert servieren.

Karamellisierte Rotkohlstreifen

250 g Rotkohl in 2 bis 3 mm feine Streifen hobeln. In einer möglichst großen Pfanne Kokosöl oder Butterschmalz erhitzen, 1 EL Zucker zugeben und unter Rühren karamellisieren lassen. Die Kohlstreifen hineingeben und bei mittlerer Hitze unter gelegentlichem Rühren 20 bis 30 Minuten garen. Mit etwas mildem Essig oder Aceto Balsamico ablöschen und mit Salz, Pfeffer und 1 Prise Nelkenpulver würzen.

BLUMENKOHL MIT KÄSESAUCE

Blumenkohl und Safran passen sowohl optisch als auch geschmacklich sehr gut zusammen. Dazu schmecken schlichte Pellkartoffeln oder, wenn es etwas aufwändiger sein darf, ein kurzgebratenes Stück Fleisch oder Fisch.

FÜR 4 PORTIONEN

400 g festkochende Kartoffeln
1 Blumenkohl (800–1000 g)
Salz
1 EL Zitronensaft
40 g Butter
20 g Mehl
250 ml Sahne
frisch geriebene Muskatnuss
1 Tütchen Safranpulver
50 g Emmentaler am Stück
4 Stängel Petersilie

1 Die gewaschenen, ungeschälten Kartoffeln mit etwa ½ Liter Wasser in einen Topf geben und 20 bis 30 Minuten garen.

2 Von dem Blumenkohl die grünen Blätter und den Strunk entfernen. Den Strunkansatz kreuzweise einschneiden. 1 Liter Wasser mit 1 Teelöffel Salz und dem Zitronensaft in einem großen Topf zum Kochen bringen, den Kohl mit dem Strunk nach unten in den Topf geben und 20 bis 30 Minuten nicht zu weich garen.

3 Inzwischen für die Sauce die Butter in einem Topf erhitzen und das Mehl darin goldgelb anschwitzen. Etwa 1 Tasse Blumenkohlwasser und die Sahne angießen, kräftig rühren und die Sauce bei schwacher Hitze einige Minuten kochen lassen. Mit Salz, Muskat und Safran würzen. Den Käse grob raspeln, einrühren und die Sauce abschmecken.

4 Die Kartoffeln pellen und mit dem Blumenkohl auf einer Platte anrichten. Die Sauce über den Blumenkohl gießen und mit der Petersilie bestreuen.

Mein Tipp

Safran wird aus den Samenfäden einer Krokusart gewonnen. Zum Würzen kann man die Fäden im Ganzen oder in gemahlener Form verwenden. Gemahlener Safran ist einfacher zu handhaben, da er sich leichter löst und sich besser in der Speise verteilt.

BLUMENKOHLRÖSCHEN IN PARMESANHÜLLE

Die Röschen schmecken auch ganz hervorragend als Vorspeise mit warmer Kerbel-Bechamelsauce oder als feine Beilage zu Kalbsbraten oder Schweinefleisch.

FÜR 6–8 PORTIONEN

1 Blumenkohl (ca. 1 kg)
6 EL Mehl
6 EL frisch geriebener Parmesan
Salz
1 Ei (Größe L)
Pflanzenöl zum Ausbacken

1 Den Blumenkohl vorkochen. Dazu den Kopf von allen Blättern befreien und ohne Deckel ca. 20 Minuten in 4–5 l kochendem Wasser garen. Er sollte beim Einstechen »durch«, aber noch fest sein. Herausnehmen und abtropfen lassen. Nach dem Abkühlen den Kopf in einzelne Röschen teilen und jedes längs durchschneiden.

2 In der Zwischenzeit für den Teig 100 ml lauwarmes Wasser in eine Schüssel geben. Zuerst das Mehl unter fleißigem Rühren nach und nach einsieben, dann den Parmesan und etwas Salz hinzufügen. Alles gut vermischen. Das Ei verquirlen und in die Mehl-Parmesan-Mischung rühren.

3 In eine möglichst große und hohe Pfanne fingerhoch Öl füllen und es stark erhitzen.

4 Die Röschenhälften portionsweise zubereiten: Zunächst leicht salzen, dann in den Teig tauchen und den überschüssigen Teig abtropfen lassen. Nun nicht zu dicht nebeneinander in das Öl legen und backen, bis die Unterseite knusprig geworden ist, dann wenden. Herausheben und auf Küchenkrepp das überschüssige Fett abtropfen lassen.

Kerbel-Bechamelsauce

Für 4 Portionen: Die Blättchen von ½ Bund Kerbel grob hacken. 600 ml Milch erwärmen. 50 g Butter bei mittlerer Hitze in einem Topf zerlassen. Mit dem Schneebesen 50 g Mehl hineinrühren und 1–2 Minuten unter leichtem Rühren anschwitzen, bis die Mischung Blasen wirft. Weiter unter Rühren nach und nach die Milch zufügen und die Hitze etwas reduzieren. Langsam zum Kochen bringen, bis die Flüssigkeit dicklich wird. Auf kleinste Hitze schalten oder den Topf von der Herdplatte nehmen, wenn die Sauce sofort serviert werden soll. Mit frisch geriebener Muskatnuss, Salz und frisch gemahlenem Pfeffer würzen. Mit 1 Spritzer Zitronensaft und 1 Messerspitze Cayennepfeffer fein abschmecken. Zuletzt den Kerbel einrühren.

GRÜNKOHLPFANNE MIT BRATWURST

FÜR 4 PORTIONEN

1 kg vorwiegend fest-
kochende Kartoffeln
4 EL Pflanzenöl
Salz
1 TL Natron
300–400 g Grünkohl
2 große Zwiebeln
4 Knoblauchzehen
Salz
frisch gemahlener Pfeffer
4 grobe Bratwürste

1 Die Kartoffeln schälen und würfeln. Die Hälfte des Öls in einer großen Pfanne erhitzen, die Kartoffeln hineingeben und bedeckt unter gelegentlichem Rühren etwa 10 Minuten braten.

2 In einem großen Topf 2 bis 3 Liter Wasser mit Salz und Natron zum Kochen bringen. Die Grünkohlblätter waschen, die derben Stiele abschneiden (diese für eine Gemüsebrühe verwenden), in das kochende Wasser geben und 1 bis 2 Minuten blanchieren. Herausheben, abtropfen lassen und fein schneiden.

3 Zwiebeln und Knoblauch schälen, in feine Ringe bzw. Scheiben schneiden und zu den Kartoffeln geben. Diese unter gelegent-lichem Wenden weitere 10 Minuten braten. Dann das restliche Öl und die Kohlstreifen dazugeben, mit Salz und Pfeffer würzen und noch 5 bis 10 Minuten offen braten.

4 Nebenher die Bratwürste in einer separaten Pfanne braten und mit der Grünkohlpfanne anrichten.

Mein Tipp

Wenn Sie eine möglichst groß-flächige Pfanne nehmen, werden die Kartoffeln schön knusprig. Eine Portion Grünkohl liefert die benötigte Tagesration an Vitamin C und so viel Calcium wie zwei Gläser Milch. Ein ideales Lebens-mittel also, um der Osteoporose vorzubeugen.

GRÜNKOHLLASAGNE MIT STEINPILZEN

Grünkohl schmeckt nicht nur in der klassischen Zubereitung
mit deftiger Wurst oder Fleischeinlage. Probieren Sie den Kohl mit
dem „herben Charme" einmal auf überraschend neue Art.

FÜR 6–8 PORTIONEN

20 g getrocknete Steinpilze (oder
400 g frische Egerlinge)
400 g Grünkohl
1 große Zwiebel
2 EL Olivenöl
1 EL Mehl
300 g passierte Tomaten
(Fertigprodukt)
200 g Sahne
Salz
Pfeffer aus der Mühle
Thymian
100 g Emmentaler oder
Pecorino am Stück
6–8 Lasagne Nudelplatten
1 Bund Petersilie

1 Die getrockneten Steinpilze mit ½ Liter kochendem Wasser
übergießen und etwa 1 Stunde quellen lassen. Den Grünkohl
waschen, putzen und in Streifen schneiden. Die Zwiebel schälen
und fein würfeln, die Petersilie hacken, den Käse reiben.

2 Die Trockenpilze durch ein Sieb abgießen, dabei das Einweichwasser auffangen. Die Pilze fein schneiden, das Einweichwasser
durch eine Filtertüte gießen, um Sandreste zu entfernen.

3 Das Öl in einem Schmortopf auf dem Herd erhitzen. Zwiebel
und Knoblauch in dem Öl leicht anbräunen, die Pilze zugeben,
das Mehl überstäuben und kurz anschwitzen. Das gefilterte Einweichwasser zugießen und kräftig rühren. Die Kohlstreifen zufügen und etwa 15 Minuten köcheln lassen.

4 Den Backofen auf 220 °C (Umluft 200 °C, Gas Stufe 4) vorheizen und eine flache Auflaufform darin anwärmen.

5 Tomaten und Sahne zum Grünkohl geben und einrühren
(die Sauce soll relativ flüssig sein). Mit Salz, Pfeffer und Thymian
würzen.

6 Die Auflaufform aus dem Ofen nehmen und abwechselnd
Gemüse mit Sauce, Nudelplatten und geriebenen Käse einschich-
ten. Mit Sauce und Käse abschließen. Die Oberfläche mit einem
Löffel etwas eindrücken, damit sich die Flüssigkeit gut verteilt.
Die Nudelblätter müssen vollständig mit Flüssigkeit bedeckt sein.

7 Die Lasagne in den heißen Backofen (mittlere Schiene) stellen
und 30 bis 35 Minuten backen, bis die Nudeln weich sind. Gegen
Ende der Garzeit mit einer Gabel in die Lasagne einstechen und
prüfen, ob die Nudelblätter gar sind.

ROSENKOHL-MARONEN-AUFLAUF

FÜR 6–8 PORTIONEN

200 g Maronen (Esskastanien)
400 g Rosenkohl
400 g Pastinaken
1 Zwiebel
50 g Parmesan am Stück
3 EL Butterschmalz
Salz
100 g Crème fraîche
1 Tasse Milch
frisch gemahlener Pfeffer
frisch geriebene Muskatnuss
4 Rehmedaillons
1 Tasse Rotwein
2 EL Sahne

1 Die Maronen waschen, an der Spitze kreuzweise einschneiden und in kochendem Wasser etwa 20 Minuten kochen, bis sie innen weich sind. Kalt abschrecken und die äußere Schale und das innere gelbe Häutchen mit einem spitzen Messer entfernen.

2 Den Rosenkohl waschen und putzen, größere Röschen halbieren. Die Pastinaken waschen, schälen und in 1 bis 2 cm große Stücke schneiden. Die Zwiebel schälen und fein würfeln. Den Käse reiben.

3 2 Esslöffel Butterschmalz in einem Topf erhitzen und die Zwiebel darin glasig dünsten. Rosenkohl, Pastinaken und ein wenig Wasser zugeben, salzen und bei mittlerer Hitze zugedeckt 10 bis 15 Minuten dünsten.

4 Den Backofen auf 220 °C (Umluft 200 °C, Gas Stufe 4) vorheizen und eine flache Auflaufform darin anwärmen.

5 Die Crème fraîche mit der Milch verrühren, mit Pfeffer und Muskat würzen und den Käse einrühren. Die Form aus dem Ofen nehmen. Die vorgegarten Gemüse und die Maronen einfüllen. Die Käsesauce darüber verteilen. Das Gratin auf der mittleren Schiene etwa 10 Minuten überbacken.

6 Die Rehmedaillons etwas klopfen, leicht salzen und pfeffern und in dem restlichen Butterschmalz auf beiden Seiten je 4 bis 5 Minuten braten. Auf einer vorgewärmten Platte in den Backofen stellen. Den Bratensatz in der Pfanne mit dem Rotwein loskochen, die Sahne zugeben und die Sauce cremig einkochen lassen.

Mein Tipp

Wenn es schneller gehen soll, können Sie das Gemüse auch in der Pfanne bei aufgelegtem Deckel gratinieren.

ROSENKOHLSOUFFLÉ MIT BRATKARTOFFELN

FÜR 6–8 PORTIONEN

300 g Rosenkohl
1 TL Zitronensaft
2 EL Butter
2 EL Mehl
250 ml Milch
1 TL gekörnte Gemüsebrühe
Salz
frisch geriebene Muskatnuss
frisch gemahlener Pfeffer
3 Eier
50 g Emmentaler am Stück
400 g gekochte Pellkartoffeln
2 EL Butterschmalz

1 Den Rosenkohl putzen, waschen und mit 1 Tasse Wasser und dem Zitronensaft 5 bis 7 Minuten nicht ganz weich garen. Das Wasser einkochen und das Gemüse leicht abkühlen lassen.

2 Die Butter in einem Topf aufschäumen und das Mehl darin anschwitzen. Portionsweise die Milch angießen und kräftig rühren, die Sauce bei schwacher Hitze etwa 5 Minuten kochen, mit Gemüsebrühe, Salz, Muskat und Pfeffer abschmecken. Die Sauce vom Herd nehmen und leicht abkühlen lassen.

3 Den Backofen auf 220 °C (Umluft 200 °C, Gas Stufe 4) vorheizen und eine hohe Auflaufform darin anwärmen. Die Eier trennen. Eiweiß mit einer Prise Salz steif schlagen.

4 Den Rosenkohl fein hacken. Die Form aus dem Backofen nehmen und ein Stück Butter auf dem Boden verlaufen lassen.

5 Die Eigelbe, den geriebenen Käse und den Rosenkohl in die weiße Sauce einrühren. Den Eischnee mit einem Schneebesen vorsichtig unterheben. Die Masse in die Form füllen und auf der mittleren Schiene des Backofens 25 Minuten backen. Dabei die Ofentür während der ersten 15 Minuten unbedingt geschlossen halten.

6 Die Pellkartoffeln schälen und in feine Scheiben oder kleine Würfel schneiden. Das Butterschmalz in einer beschichteten Pfanne erhitzen und die Kartoffeln darin mit etwas Salz knusprig braun braten. Als Beilage zu dem Soufflé servieren.

Mein Tipp

Dieses luftige Gemüsegratin schmeckt auch sehr gut mit Grünkohl, Brokkoli oder Wirsing.

KÜRBIS, PILZE & MARONEN

Das Besondere bei diesem Kapitel? Neben dem Kürbis kommen hier auch die Früchte vor, die man in Wald und Flur findet: Pilze, Nüsse und Esskastanien. Entdecken Sie Ihre Sammelleidenschaft für das üppige Angebot der freien Natur.

KÜRBIS Zu den Fruchtgemüsen gehört die große Kürbisfamilie mit ihren mehr als 800 Arten. Der Speisekürbis hat seinen Ursprung in den tropischen Gebieten Südamerikas und wächst heute in einer großen Sortenvielfalt auf der ganzen Welt. Das Fruchtfleisch der Kürbisse mit seinem mehr oder weniger ausgeprägten Eigengeschmack lässt sich vielseitig zu pikanten, aber auch süßen Gerichten verarbeiten. Man unterscheidet die dünnschaligen Sommer- und die dickschaligen Winterkürbisse. Die kleineren Sommerkürbisse eignen sich am besten zum Kochen, da sie handlich sind und das Fruchtfleisch fest ist. Die großen Winterkürbisse mit der dicken Schale und dem weicheren Fruchtfleisch sind eher zum Einlegen geeignet. Die Wirkstoffe im Kürbis sind ideal für Entgiftungs- und Entschlackungskuren, denn er enthält viel Wasser, Ballaststoffe und ein optimal aufeinander abgestimmtes Verhältnis von Vitaminen (B, C und Provitamin A) und Mineralien (Kupfer, Eisen, Magnesium und Kalium).

PILZE Im Herbst lassen sich in unseren Wäldern viele interessante und wohlschmeckende Pilze sammeln. Wenn Sie selbst auf Pilzsuche gehen, sollten Sie allerdings unbedingt pilzkundig sein oder Ihre Funde fachkundig begutachten lassen, dazu gibt es gute Informationen bei Verbraucherberatungen. Gelegentlich werden auch geführte Pilzwanderungen angeboten, die sehr lehrreich sein können.
Frische Pfifferlinge und Steinpilze, aber auch andere Waldpilze kann man manchmal auch auf gut sortierten Wochenmärkten oder im Supermarkt kaufen. Wenn Sie keine Steinpilze bekommen, können Sie als Ersatz Austernsaitlinge verwenden. Diese Zuchtpilze ähneln in Geschmack und Konsistenz den begehrten Steinpilzen.

MARONEN Frische Esskastanien, ob selbst gesammelt oder gekauft, sollten Sie sofort verarbeiten, dann lässt sich die Schale relativ leicht abziehen. Je länger sie lagern, desto trockener und fester wird die Haut. Die harten Schalen zunächst kreuzweise einritzen und die Maronen dann entweder auf einem Backblech bei 170 bis 180 °C etwa 20 Minuten rösten oder 10 bis 15 Minuten in Wasser kochen. Danach lassen sich die braune Schale und das dünne Innenhäutchen recht gut ablösen.
Maronen enthalten glutenfreie Kohlenhydrate, viele Vitamine, darunter Folsäure, B-Vitamine, Vitamine A, C und D sowie reichlich Mineralien und Spurenelemente wie Calcium, Kalium, Magnesium, Jod, Fluor und Eisen und sie zählen zu den begehrten Basenlieferanten.

SÜSSES KÜRBIS-SOUFFLÉ

FÜR 6–8 PORTIONEN

250 g Hokkaido-Kürbis

100 g getrocknete Aprikosen

1 Bio-Zitrone (oder Orange)

2–3 cm Ingwer

4 EL Amaretto (oder Rum
oder Cognac)

50 g Butter

40 g Mehl

50 g Zucker

200 g Sahne

3–4 Eier

Salz

100 g gemahlene Haselnüsse

2 TL Puderzucker

4 kleine Auflaufförmchen oder
1 große Form

1 Den Kürbis waschen, zerteilen und die Kerne entfernen. Das Kürbisfleisch mit Schale mittelgrob raspeln. Die Aprikosen fein würfeln. Die Zitrone heiß abwaschen, die Schale fein abreiben und den Saft auspressen. Den Ingwer schälen und fein reiben. Kürbis und Aprikosen mit Zitronenschale und -saft, Ingwer und Amaretto in einen Topf geben und bedeckt bei mittlerer Hitze etwa 10 Minuten dünsten.

2 Den Backofen auf 220 °C (Umluft 200 °C, Gas Stufe 4) vorheizen. In jedes Auflaufförmchen ein kleines Stückchen Butter geben und diese zum Anwärmen in den Backofen stellen.

3 Die restliche Butter erhitzen, Mehl und Zucker einrühren, unter Rühren 2 bis 3 Minuten anschwitzen und leicht karamellisieren lassen. Nach und nach unter Rühren die Milch zugeben, glatt rühren und einkochen lassen, bis die Masse dickflüssig ist. Vom Herd nehmen und etwas abkühlen lassen.

4 Die Eier trennen. Eiweiß mit einer Prise Salz steif schlagen. Die Eigelbe und die Kürbismasse in die Milchsauce rühren. Die Nüsse bis auf einen kleinen Rest zugeben. Den Eischnee vorsichtig unterheben.

5 Die Förmchen aus dem Ofen nehmen. Die Masse einfüllen, die restlichen Nüsse darüber streuen und die Soufflés auf der mittleren Schiene 20 bis 25 Minuten goldbraun backen. Mit dem Puderzucker überstäubt sofort servieren. Eventuell Vanillesauce (siehe unten) dazu reichen.

Blitzrezept Vanillesauce aus Vanilleeis

Vanilleeis antauen lassen, nach Belieben noch etwas Sahne einrühren und servieren.

FLAMMKUCHEN MIT KÜRBIS UND SCHAFSKÄSE

FÜR 4 PORTIONEN

HEFETEIG

150 ml lauwarmes Wasser
1 TL Salz
1 TL Trockenhefe
250 g Mehl
2 EL Pflanzenöl

BELAG

1 Gemüsezwiebel
150–200 g Hokkaido-Kürbis
50 g durchwachsener Speck
1 Becher Schmand (oder saure Sahne)
50 g Sahne
Salz
1 Prise Kümmel, ganz oder gemahlen
100 g Schafskäse
1 Bund Schnittlauch
Öl fürs Blech

1 Das Wasser in einer Schüssel mit Salz und Trockenhefe verrühren. Dann Mehl und Öl einrühren und alles zu einem geschmeidigen weichen Teig verarbeiten. Sollte er zu fest sein, noch etwas Wasser einarbeiten. Den Teig zugedeckt an einem warmen Ort 20 bis 30 Minuten gehen lassen.

2 Für den Belag die Zwiebel schälen, halbieren und in feine Streifen schneiden. Den Kürbis in dünne Spalten, dann in kleine Stückchen schneiden. Den Speck fein würfeln. Den Speck in einer Pfanne leicht ausbraten, Zwiebeln und Kürbis zugeben und einige Minuten dünsten, bis der Kürbis weich ist.

3 Den Backofen auf 250 °C Ober- und Unterhitze vorheizen. Ein Blech fetten. Den Hefeteig durchkneten und aus der Schüssel nehmen. Mit angefeuchteten Händen leicht auseinanderziehen, auf das Blech legen und zu einem dünnen Boden ausrollen.

4 Schmand mit Sahne, Salz und Kümmel verrühren, mit einem Löffel dünn auf dem Teig verstreichen. Das gedünstete Gemüse mit den Speckwürfeln darauf verteilen und den Schafskäse darüber bröckeln.

5 Das Blech direkt auf den Boden des Backofens schieben und den Flammkuchen 10 bis 15 Minuten backen, bis die Teigränder knusprig sind. Zum Servieren den Schnittlauch waschen, trockenschütteln, fein schneiden und auf dem Flammkuchen verteilen.

Mein Tipp

Ich backe Pizza und Flammkuchen auf dem Boden des Backofens, damit der Teigboden durch die direkte Unterhitze schön knusprig wird.

GEFÜLLTER BUTTERNUSSKÜRBIS

FÜR 8 PORTIONEN
1 Zwiebel
250 g Karotten
2 EL Olivenöl
250 g gemischtes Hackfleisch
2 EL Tomatenmark
Salz
1 getrocknete Chilischote
½ TL getrockneter Thymian
100 g Emmentaler
2 Butternuss-Kürbisse
(je ca. 800 g)

1 Den Backofen auf 180 °C (Umluft 160 °C) vorheizen. Zwiebel und Karotten schälen, in Würfel schneiden und in 1 EL des Öls in einer Pfanne anbraten. Das Hackfleisch zugeben und braten, bis es krümelig zerfällt. Die Pfanne vom Herd nehmen. Die Chilischote zerreiben, den Käse grob reiben. Tomatenmark, Salz, Chilischote und Thymian zu der Fleischmischung geben und den Emmentaler untermischen.

2 Die Butternuss-Kürbisse längs halbieren, die Kerne und die weichen Fasern mit einem Löffel herauskratzen, mit dem restlichen Öl einpinseln und mit etwas Salz bestreuen.

3 Die Gemüse-Hackfleischfüllung auf die Kürbishälften verteilen. Diese auf das Backblech legen und im vorgeheizten Backofen ca. 40 Minuten garen.

Mein Tipp

Eine kleine Schüssel mit heißem Wasser mit in den Ofen stellen, das verhindert das Austrocknen, die Masse bleibt saftiger.

PFIFFERLINGE MIT SPECK UND SEMMEL-PORREE-KNÖDEL

FÜR 8 PORTIONEN

250 ml Milch
(oder 100 g Sahne plus
150 ml Wasser)
200–250 g altbackene Brötchen
oder Laugengebäck
300 g Porree
100 g durchwachsener Speck
Salz
2 Eier
50–60 g Mehl
frisch gemahlener Pfeffer
frisch geriebene Muskatnuss
500 g frische Pfifferlinge
1 Bund glatte Petersilie
100 g Sahne

1 Die Milch erwärmen. Brötchen in 1 cm große Würfel schneiden, in eine Schüssel geben, mit der warmen Milch übergießen und etwa 1 Stunde einweichen lassen.

2 Inzwischen den Porree putzen, längs halbieren, gründlich waschen und quer in feine Streifen schneiden. Den Speck fein würfeln und in einer Pfanne leicht anbraten.

3 Die Hälfte des Specks aus der Pfanne nehmen und für die Pfifferlinge beiseite stellen. Den Porree zu dem restlichen Speck in die Pfanne geben und 3 bis 4 Minuten dünsten. 2 bis 3 Liter Wasser mit 1 Esslöffel Salz in einem großen Topf zum Kochen bringen.

4 Die eingeweichten Brötchen durchrühren, Eier, Mehl, Speck und Porree einrühren, mit Salz, Pfeffer und Muskat würzen. Die Knödelmasse sollte geschmeidig, aber nicht zu weich sein. Je nach Bedarf noch etwas Wasser oder Mehl einrühren. Aus der Masse mit nassen Händen 4 cm große Kugeln formen. Diese in das kochende Wasser geben und bei mittlerer Hitze 10 bis 15 Minuten garen, bis sie an die Oberfläche steigen.

5 Die Pfifferlinge gründlich putzen, falls nötig kurz abbrausen, größere Exemplare halbieren oder vierteln. Die Petersilie fein hacken. Den beiseite gestellten Speck wieder in die Pfanne geben, die Pilze hinzufügen und 7 bis 10 Minuten dünsten, dabei anfangs einen Deckel auflegen. Die Sahne angießen, mit Salz und Pfeffer abschmecken, mit Petersilie bestreuen und zu den Knödeln servieren.

Mein Tipp

Neben Porree schmecken auch sehr gut Spinat, Kräuter, Zwiebeln oder Pilze in den Knödeln.

STEINPILZRISOTTO

FÜR 4 PORTIONEN
25 g getrocknete Steinpilze
2 Schalotten
200–300 g frische Steinpilze
2 EL Butterschmalz
400 g Risotto-Rundkorn-
reis (zum Beispiel Carnaroli
oder Arborio)
600 ml warme Gemüsebrühe
Salz
frisch gemahlener Pfeffer
50 g Parmesan oder
Pecorino am Stück
50 g Sahne
4 Stängel glatte Petersilie

1 Die getrockneten Pilze mit 250 ml kochendem Wasser übergießen und etwa 1 Stunde quellen lassen. Die Schalotten schälen
und fein würfeln. Die frischen Pilze putzen, eventuell abbrausen
und in feine Scheiben von mittlerer Größe schneiden.

2 Die Trockenpilze durch ein Sieb abgießen, das Einweichwasser
auffangen und durch eine Filtertüte laufen lassen, um möglichen
Sand zu entfernen. Die Pilze klein schneiden.

3 Butterschmalz in einem Topf erhitzen und die Schalotten darin
einige Minuten andünsten. Die eingeweichten Pilze und den Reis
zugeben, 2 bis 3 Minuten anrösten. Mit dem gefilterten Einweichwasser und der Hälfte der Gemüsebrühe aufgießen, rühren und
den Reis bei mittlerer Hitze köcheln lassen, dabei gelegentlich
umrühren. Wenn die Flüssigkeit eingekocht ist, die restliche Brühe
angießen. Mit Salz und Pfeffer würzen. Der Reis sollte noch bissfest sein; wenn er noch zu hart ist, noch etwas Wasser einrühren
und kurz nachquellen lassen.

4 Die frischen Pilze in einer separaten Pfanne in etwas Butterschmalz anbraten, dann unter den Risotto mischen oder vor dem
Servieren auf dem Reis anrichten.

5 Den Käse reiben. Den Risotto vom Herd nehmen. Die Sahne
und den geriebenen Käse einrühren und den Risotto mit der
Petersilie bestreuen und sofort servieren.

PFÄLZER KASTANIENSUPPE MIT KNUSPRIGEN SPECKSTREIFEN

Wenn im Spätherbst die Kastanien in den Pfälzer Wäldern
reif werden, steht die „Käschdesupp" in der Beliebtheitsskala
noch über dem Pfälzer Saumagen.

FÜR 4 PORTIONEN
1 Zwiebel
1 Möhre
1 EL Butterschmalz
250 g geschälte Kastanien oder
120 g Kastanienmehl
1 l Gemüsebrühe
Salz
frisch gemahlener Pfeffer
1 Prise Muskat
3 Stängel Petersilie oder ½ Bund
Schnittlauch
4 kleine Scheiben durch-
wachsener Speck
2–3 EL Crème fraîche oder Sahne
1–2 EL trockener Weißwein

1 Die Zwiebel schälen und fein würfeln. Die Möhre waschen und bürsten oder schälen und fein würfeln. Zwiebel und Möhre in dem Butterschmalz andünsten. Die Kastanien oder das Kastanienmehl dazugeben und noch etwa 10 bis 15 Minuten leicht kochen lassen.

2 Die Suppe mit Salz, Pfeffer und Muskat würzen, mit dem Pürierstab pürieren.

3 Petersilie oder Schnittlauch waschen, trocknen und fein hacken. Die Hälfte der Kräuter mit dem Wein in die Suppe rühren. Die Suppe abschmecken.

4 Die Speckscheiben in einer Pfanne bei nicht zu hoher Hitze langsam knusprig ausbraten. Die Suppe in die Teller geben, einen Klecks Crème fraîche in die Mitte setzen, die Speckscheibe darauflegen und die restlichen Kräuter darüber streuen.

BLATT- UND STIELGEMÜSE

Die **BRENNNESSEL** enthält neben Betacarotin und Vitamin C wichtige Spurenelemente und Mineralstoffe, unter anderem viel Eisen, mehr als Spinat. Der hohe Eisengehalt – Eisen fördert die Blutbildung – muss meiner Großmutter bekannt gewesen sein, denn im Frühjahr kam mindestens einmal in der Woche Brennnesselgemüse in vielen Variationen auf den Tisch. „Damit ihr Bleichgesichter wieder ein bisschen Farbe ins Gesicht bekommt."
Die Brennnesseln waren immer gekocht, um das in den Brennhärchen enthaltene Gift zu zerstören. Meistens bereitete sie ein Mischgemüse zu oder schnitt die Blättchen in eine Kartoffelsuppe. Sie verwendete immer nur die ganz jungen Blättchen, denn die älteren enthalten zu viel Gerbsäure und haben einen strengen, unangenehmen Geschmack.

Wenn Sie sie frisch verwenden wollen, rollen Sie mit einem Nudelholz darüber, damit die kleinen Brennhärchen abgeknickt werden. Sammeln Sie Brennnesseln aber nur auf ungedüngten Wiesen, deren Böden wenig Nitrat enthalten. Die Pflanze speichert nämlich diesen Stoff besonders gerne in ihren Zellen. Aus diesem Grund sollte Brennnesselgemüse, genau wie Spinat, auch nicht wieder aufgewärmt werden.

MANGOLD ist eine Variante der Rübe, auch wenn man nur seine Blätter und Blattstiele isst. Mit seinem hohen Gehalt an Mineralstoffen und Vitaminen ist er ein besonders gesundes Gemüse.

Die wilde **BRUNNENKRESSE** säumt Bäche und Seen, aber schon seit Mitte des 18. Jahrhunderts wird sie in Thüringen kultiviert. Heute gelten die Anbaugebiete in der Picardie, nördlich von Paris, und das Dreibrunnenfeld bei Erfurt als die größten Lieferanten von Brunnenkresse in der ganzen Welt.
Wie alle dunkelgrünen Blattgemüse enthält sie viel Betacarotin und Vitamin C, und neben wichtigen Mineralstoffen ist sie besonders reich an Jod.

Die **RAUKE** erfuhr als „Rucola" durch die italienische Küche ein großes Comeback. Bis Anfang dieses Jahrhunderts war sie wegen ihrer belebenden Wirkung bei uns ein wohl bekanntes Küchenkraut und geriet dann irgendwie in Vergessenheit. Seit einigen Jahren jedoch steht sie auf der Speisekarte jedes italienischen Restaurants und wurde auch für die heimische Küche wiederentdeckt. In Indien wird Rauke übrigens wegen des hohen Ölgehaltes ihres Samens auch zur Ölgewinnung angebaut.

BRENNNESSELSUPPE

FÜR 6 PORTIONEN

1 kg Rind- oder Lammfleisch
zum Kochen
2 ¼ l Wasser
125 g Perlgraupen
1 Bund Frühlingszwiebeln
100 g junge Brennnesseln
200 g saure Sahne
Salz, Pfeffer aus der Mühle

1 Das Fleisch im kalten Wasser aufsetzen, zum Kochen bringen, die Graupen zufügen und dann etwa 2½ Stunden sanft köcheln lassen.

2 Die Frühlingszwiebeln und Brennnesseln waschen und trocken tupfen. Die Frühlingszwiebeln in Ringe schneiden, Nesselblätter grob hacken und beides in die Suppe geben.

3 Nach etwa 25 Minuten die saure Sahne einrühren und die Suppe mit Salz und Pfeffer abschmecken.

BRUNNENKRESSE-SUPPE

FÜR 6 PORTIONEN

300 g Brunnenkresse
350 g Kartoffeln
1 mittelgroße Zwiebel
60 g Butter
750 ml Geflügelfond
250 g Schlagsahne
2 Eigelb
Salz, Pfeffer, Muskatnuss

1 Die Brunnenkresse verlesen, waschen und grob hacken. Ein Viertel davon beiseitelegen. Die Kartoffeln schälen und würfeln. Die Zwiebel schälen und hacken. Alles in einem Topf mit der zerlassenen Butter etwa 10 Minuten dünsten.

2 Den Geflügelfond zugießen und etwa 20 Minuten köcheln lassen. Dann die Suppe mit dem Stabmixer pürieren.

3 Die Sahne mit den Eigelben, Salz, Pfeffer und Muskat verrühren und unterziehen. Nur kurz aufwallen, nicht mehr kochen lassen. Die beiseitegelegte Brunnenkresse über die Suppe streuen.

BANDNUDELN MIT RAUKE

Bei uns gibt man die Rauke – oder den Rucola, wie man sie inzwischen nennt – vorwiegend frisch in Salate. Dieses Rezept stammt aus der Toskana, wo sie auch gedünstet mit Pasta oder in Risotto sehr beliebt ist.

FÜR 4 PORTIONEN
2 Bund Rauke
100 g gekochter Schinken
wahlweise 1 Knoblauchzehe
500 g Bandnudeln
Salz
3 EL Butter
2 EL Olivenöl
schwarzer Pfeffer aus der Mühle
Parmesan oder Grand Padanao

1 Die Rauke verlesen, waschen und gut abtropfen lassen. Rauke fein hacken. Den Schinken in Streifen schneiden. Die Knoblauchzehe pellen und in feine Würfel schneiden.

2 Die Nudeln in 2 Liter kochendes Salzwasser geben und 7–8 Minuten nach Packungsanleitung kochen.

3 Die Butter bei geringer Hitze in einer Pfanne zerlassen, anschließend das Olivenöl hinzugeben. Zuerst die Knoblauchwürfel darin glasig werden lassen, dann den Schinken und die gehackte Rauke hinzufügen. Alles etwa 3 Minuten dünsten. Mit Salz und Pfeffer würzen.

4 Die bissfest gekochten Nudeln abtropfen lassen und sofort unter die Rauke-Schinken-Mischung rühren. Auf vier Teller verteilen und Parmesan darüberhobeln.

Rauken-Aioli

60 g Rauke waschen, trocknen und quer in ca. 1 cm breite Stücke schneiden. 2 Knoblauchzehen schälen, fein würfeln, mit eine kräftigen Prise Salz bestreuen und mit der flachen Messerklinge fein zerreiben. 200 g Mayonnaise mit 200 g Joghurt und dem Knoblauch verrühren, mit Salz und Pfeffer abschmecken und die Rauke unterrühren. .

BROTSALAT MIT RUCOLA-CAPRESE

FÜR 4 PORTIONEN

500 g Mozzarella
500 g Tomaten
150 g Rucola
1 Knoblauchzehe
Salz
Pfeffer aus der Mühle
5 EL Aceto balsamico
7 EL Olivenöl
200 g Ciabatta
1 TL getrockneter Oregano
3 Zweige Basilikum

1 Den Mozzarella aus der Lake nehmen und gut abtropfen lassen. Die Tomaten von Stielen und Kerngehäuse befreien. Den Rucola waschen und trocken schütteln, den Knoblauch schälen, fein hacken, mit ½ TL Salz bestreuen und mit dem Messerrücken zu einem feinen Brei zerdrücken. Dann mit Balsamico-Essig und 5 EL Olivenöl verrühren.

2 Ciabatta in 2 cm dicke Scheiben schneiden, im Toaster rösten, dann mit einem Sägemesser in 1 cm große Würfel schneiden. In einer Pfanne das restliche Olivenöl erhitzen, die Brotwürfel bei mäßiger Hitze goldbraun und knusprig braten.

3 Die Tomaten grob würfeln. Den Mozzarella halbieren, in 1 cm dicke Scheiben schneiden und in einer Schüssel mit dem Rucola und dem Knoblauch-Balsamico-Dressing vermengen.

4 Kurz vor dem Servieren die Brotwürfel unterheben und den Salat mit getrocknetem Oregano und Pfeffer aus der Mühle würzen. Basilikumblätter von den Stielen zupfen und über den Salat streuen.

Mein Tipp

Sehr gut schmeckt es auch, wenn Sie mit den Brotwürfeln in der Pfanne einige Salbeiblätter mitbraten.

BÄRLAUCHROULADE MIT SCHINKEN

FÜR 4 PORTIONEN
150 g Frischkäse
150 g Crème fraîche
Salz und Pfeffer
1 EL Mehl
1 Rolle Blätterteig (275 g,
aus dem Frischeregal)
150 g gekochter Schinken
in Scheiben
1 Bund Bärlauch
2 EL Sahne
1 Eigelb

1 Den Backofen auf 180 °C (Umluft 160 °C) vorheizen. Frischkäse und Crème fraîche glatt rühren, mit Salz und Pfeffer würzen. Den Bärlauch waschen und trocken schütteln. Ein Backblech mit Backpapier belegen.

2 Den Blätterteig auf einem mit Mehl bestäubten Tuch ausrollen, mit den Schinkenscheiben belegen und mit der Käsecreme bestreichen. Dabei an den Rändern jeweils 2 cm frei lassen. Die Bärlauchblätter gleichmäßig auf der Käsecreme verteilen und leicht andrücken. Anschließend den Teig mithilfe des Tuches zu einer Roulade aufrollen, die seitlichen Ränder einschlagen und festdrücken.

3 Die Roulade vorsichtig auf das Backblech legen. Das Eigelb mit der Sahne verschlagen und die Oberfläche der Roulade damit bepinseln. Im Backofen ca. 35 Minuten backen, bis die Oberfläche eine goldbraune Färbung hat.

Mein Tipp

Sie können die Roulade vor dem Backen zusätzlich mit Sesamkörnern bestreuen. Ein frischer Blattspinat ist ein idealer Begleiter zu diesem leichten Gericht, das sowohl warm als auch kalt sehr gut schmeckt.

MANGOLD-TORTE

**FÜR 1 SPRINGFORM VON
24 CM DURCHMESSER**
Fertig-Blätterteig (Kühlregal)
oder Blitzteig (s. u.)
Paniermehl zum Bestreuen

FÜLLUNG
500 g Mangold
1 Zwiebel
2 Knoblauchzehen
2 EL Butter
200 g Champignons
200 g Shiitake-Pilze
4 EL gehackte Petersilie
500 g Sahnequark
2 Eier
100 g geriebener Parmesan
Salz, Muskatnuss
2 EL Milch, 1 Eigelb

1 Zwei Drittel des Teiges ausrollen und in eine kalt ausgespülte Springform legen. Der Teig sollte dabei den Rand leicht überragen. Den Teigboden einstechen und mit Paniermehl bestreuen. Restlichen Teig zu einem Deckel ausrollen.

2 Den Mangold waschen, gut abtropfen lassen und die Stiele entfernen. Die Zwiebel und den Knoblauch pellen, fein hacken und in 1 Esslöffel Butter glasig dünsten. Den Mangold mitdünsten, alles in einem Mulltuch ausdrücken und gut durchhacken.

3 Die Pilze putzen, klein schneiden und in der restlichen Butter dünsten. Die Petersilie hinzufügen. Den Quark abtropfen lassen. Mit Eiern, Mangold, Pilzen und Parmesan mischen und mit Salz und Muskat würzen.

4 Die Masse auf den Teigboden geben, den Teigrand nach innen klappen und mit Wasser bestreichen. Den Teigdeckel darauflegen, andrücken und mit Teigresten verzieren. Milch und Eigelb verquirlen. Den Deckel damit bestreichen. Die Mangold-Torte im vorgeheizten Backofen bei 200 °C 45 Minuten backen.

Blitzteig
Rezept für eine Springform mit 26 cm Durchmesser

250 g Sahnequark in ein Mulltuch geben und gut auspressen. Mit 250 g Mehl, 1 Teelöffel Salz und 200 g klein gewürfelte Butter verkneten und mit einem großen Küchenmesser durchhacken. Mit den Händen zu einem geschmeidigen Teig verarbeiten. In Folie wickeln und für 1 Stunde in den Kühlschrank legen. Den Teig anschließend in der gewünschten Form auf etwas Mehl ausrollen und in einer mit Paniermehl bestreuten Form backen.

KICHERERBSEN-PFANNKUCHEN MIT MANGOLD

Ein Rezept aus Italien. Die gerollten Pfannkuchen mit der leckeren Füllung kann man auch als Vorspeise servieren.

FÜR 6 PORTIONEN
250 g Kichererbsen-Mehl
Salz
Pfeffer aus der Mühle
1 EL Olivenöl
500 ml Milch
2 Eier
500 g Mangoldblätter
1 Zwiebel
1 Zweig Salbei
2 Bund Schnittlauch
30 g Butter
etwas Zitronensaft
12 TL Öl

1 Das Mehl in eine Schüssel geben. 1 Prise Salz und 2 Prisen Pfeffer sowie das Öl dazugeben. Langsam die Milch hineinlaufen lassen, dabei rühren, bis ein glatter, dickflüssiger Teig entstanden ist. Anschließend die Eier unterrühren. Den Teig 30 Minuten kalt stellen. Sollte er zu fest sein, so viel Milch zugeben, dass der Teig wieder dickflüssig wird.

2 Die Mangoldblätter waschen, abtropfen lassen und 2 Minuten in kochendem Salzwasser blanchieren. In Eiswasser abschrecken und abtropfen lassen. Anschließend grob zerkleinern.

3 Die Zwiebel pellen und in Würfel schneiden. Die Kräuter waschen, trocken tupfen und hacken bzw. in Röllchen schneiden. Die Butter in einem Topf erhitzen und die Zwiebel darin bei milder Hitze weich dünsten. Mangold und Salbei zur Zwiebel geben, kurz mitdünsten, mit Salz und Pfeffer würzen und mit etwas Zitronensaft abschmecken. Zum Schluss die Schnittlauchröllchen unterheben. Das Gemüse warm stellen.

4 Einen Teelöffel Öl in einer beschichteten Pfanne erhitzen. 1 kleine Kelle Teig in der Pfanne verlaufen lassen und den Teig bei mittlerer Hitze backen, bis die Oberfläche des Pfannkuchens trocken wird. Pfannkuchen umdrehen und 2–3 Minuten zu Ende backen.

5 Den Pfannkuchen auf einen Teller gleiten lassen, mit etwas Mangold belegen und einrollen. Weitere Pfannkuchen jeweils in einem Teelöffel Öl backen, bis alle Zutaten verbraucht sind.

HIRSE-SPINAT-BULETTEN MIT SCHAFSKÄSE

FÜR 4 PORTIONEN

700 ml Gemüsebrühe
120 g Hirse
400 g Spinat
1 Zwiebel
1 Knoblauchzehe
4 EL Olivenöl
Salz
Pfeffer
frisch geriebene Muskatnuss
300 g Schafskäse (Feta)
2 Eier

1 Die Gemüsebrühe in einem kleinen Topf zum Kochen bringen. Die Hirse einrühren und im geschlossenen Topf nahe am Siedepunkt ca. 20 Minuten ausquellen lassen.

2 Den Spinat waschen, verlesen und grobe Stiele entfernen. Zwiebel und Knoblauch schälen und fein würfeln. Das Öl in einem Topf erhitzen, die Zwiebelwürfel darin glasig braten. Knoblauch kurz mitdünsten, Spinat zugeben und zugedeckt zusammenfallen lassen. Durch ein Sieb abgießen und etwas abkühlen lassen. Dann gut ausdrücken, grob hacken und mit Salz, Pfeffer und frisch geriebener Muskatnuss würzen.

3 Den Backofen auf 180 °C (Umluft 160 °C) vorheizen. Ein Backblech mit Backpapier belegen. Den Schafskäse in 1 cm große Würfel schneiden. Die Hirse in ein Sieb abgießen und gut abtropfen lassen. Die Eier verschlagen, Spinat, Hirse und Schafskäse darunter mischen. Mit feuchten Händen 8 Buletten formen und auf das Blech legen, im heißen Ofen (Mitte) ca. 20 Minuten goldbraun backen.

Grüner Salat mit Joghurt-Dressing

Dazu passt ein grüner Salat mit Joghurt-Dressing:
Dafür verrühren Sie 100 g Crème fraîche mit 200 g Joghurt,
1 EL Zitronensaft, 1 TL Zucker und Salz.

DREI-KÄSE-LASAGNE
MIT SPINAT

FÜR 4 PORTIONEN

1 Zwiebel

2 Knoblauchzehen

500 g küchenfertiger Spinat

2 EL Blattpetersilie

3 EL frisches Basilikum

100 g getrocknete Tomaten

3 EL Olivenöl nativ extra

Salz

schwarzer Pfeffer, frisch
aus der Mühle

600 g Ricotta

500 g Mascarpone

250 g Lasagneblätter

500 g Scamorza

500 g passierte Tomaten

1 TL gerebelter Thymian

1 Zwiebel und Knoblauch schälen und fein würfeln. Den Spinat waschen, putzen und abtropfen lassen. Die Kräuter fein schneiden. Die getrockneten Tomaten in Streifen schneiden.

2 2 EL Olivenöl im Topf erhitzen und die Zwiebelwürfel darin glasig anschwitzen. Spinat dazugeben und so lange rühren, bis er zusammengefallen ist. Mit Salz und Pfeffer würzen und sofort auf einem Blech auslegen, damit er schnell abkühlen kann.

3 Ricotta mit Petersilie und Basilikum verrühren und mit Salz und Pfeffer würzen. Mascarpone mit Knoblauch und den getrockneten Tomaten verrühren und mit Salz und Pfeffer abschmecken.

4 Den Backofen auf 175 °C vorheizen. Eine Auflaufform mit Olivenöl auspinseln. Eine Schicht Mascarpone aufstreichen, darauf eine Schicht Lasagneblätter. Es folgt eine Lage Ricottamasse, dann eine Lage Spinat, darauf erneut Mascarpone. Den Scamorza reiben und auf den Mascarpone streuen. So weiter verfahren, bis die letzte Schicht mit Scamorza bedeckt ist. Die Lasagne 45 Minuten backen. Wer mag, kann noch in Streifen geschnittenen geräucherten Wildlachs in der Lasagne ergänzen.

5 Die passierten Tomaten kurz aufkochen und mit Salz, Pfeffer und Thymian abschmecken. Die Lasagne portionieren und auf der Tomatensauce servieren.

SPAGHETTI MIT LÖWENZAHN

Dieses Rezept stammt von meinem Freund Peter, einem praktizierenden Vegetarier. Er hat noch nie in ein Kochbuch geschaut (sagt er), sondern fügt alles zusammen, von dem er meint, es müsse sich gut ergänzen.

FÜR 4 PORTIONEN
1 Bund wilder Löwenzahn
30 g Pinienkerne
500 g Spaghetti
Salz
4 EL Butter
geriebener Parmesan

1 Den Löwenzahn waschen, trocken tupfen und hacken. Die Pinienkerne in einer beschichteten Pfanne ohne Fett rösten.

2 Die Vollkornspaghetti in 4 Liter Salzwasser 10 Minuten kochen, abgießen und sofort mit der Butter vermischen.

3 Den gehackten Löwenzahn und die Pinienkerne unterheben und mit dem Parmesan bestreuen.

LÖWENZAHNSALAT

FÜR 4 PORTIONEN
350 g Löwenzahnblätter
100 g Frühstücksspeck
5 EL Sonnenblumenöl
2 Scheiben Toastbrot
1 hart gekochtes Ei
1 EL Weinessig
Salz
Pfeffer aus der Mühle

1 Die Löwenzahnblätter waschen und gut abtropfen lassen. Die Blätter auf einer Platte anrichten.

2 Den Frühstücksspeck in dünne Streifen schneiden und in 1 Esslöffel Öl braten. Die Toastbrotscheiben entrinden. Das Brot würfeln und mit den Speckwürfeln rösten.

3 Das Ei in feine Würfel schneiden und beiseitestellen. Den Essig mit den restlichen 4 Esslöffeln Öl verquirlen und mit Salz und Pfeffer würzen.

4 Diese Vinaigrette über die Löwenzahnblätter träufeln. Dann den Speck und die Brotwürfel mit dem Fett darübergeben und zum Schluss mit dem gewürfelten Ei bestreuen.

STANGENSELLERIESALAT MIT WALNUSS

**Das Rezept für diese schnelle und unkomplizierte Vorspeise,
das auch ein schlichtes Abendessen darstellen kann, habe ich
vor vielen Jahren in einer kleinen Trattoria im Piemont entdeckt.**

FÜR 4–6 PORTIONEN

4–6 Stangen Sellerie (etwa 200 g)

200 g Parmesan oder
Pecorino am Stück

4 EL Walnusskerne

4 EL natives Olivenöl extra

2 EL Zitronensaft

Salz

frisch gemahlener Pfeffer

1 Die Selleriestangen waschen, putzen, quer in 5 mm feine Stücke schneiden und in eine Schüssel geben.

2 Den Käse mit einem Trüffelhobel oder Sparschäler über dem Sellerie in feine Späne schneiden. Die Walnusskerne grob darüber brechen. Das Öl darüber laufen lassen und alles vorsichtig vermischen. Zuletzt mit Zitronensaft, Salz und Pfeffer würzen.

Mein Tipp

*Der Stangensellerie kann
gut durch fein geschnittenen
Fenchel ersetzt werden.*

FENCHEL-ORANGEN-SALAT MIT HÜTTENKÄSE

FÜR 4 PORTIONEN

2 Orangen
2 Fenchelknollen (ca. 400 g)
1 rote Zwiebel
4 Zweige Minze
400 g Hüttenkäse
Salz
Pfeffer
1/2 TL Puderzucker
2 EL Zitronensaft
1 TL Dijonsenf
8 EL Olivenöl
20 schwarze Oliven

1 Von den Orangen an Blüten- und Stielansatz jeweils einen Deckel abschneiden. Die Schale mit einem scharfen Messer abschneiden, dabei auch die weiße Haut entfernen. Die Fruchtfilets zwischen den Trennhäuten herausschneiden, den dabei austretenden Saft auffangen.

2 Den Fenchel waschen und putzen, das Fenchelgrün zum Garnieren beiseitelegen. Die Knollen längs halbieren, den Strunk herausschneiden und die Hälften quer in hauchdünne Scheiben schneiden. Die Zwiebel schälen und in feine Ringe schneiden.

3 Die Minze abspülen, trocken tupfen und die Blättchen in dünne Streifen schneiden. Zum Hüttenkäse geben und gut verrühren, mit Salz und Pfeffer abschmecken.

4 5 EL Orangensaft mit Puderzucker, Zitronensaft, Senf und 1 Prise Salz verrühren, das Olivenöl darunterschlagen. Fenchel und Zwiebel mit der Hälfte des Dressings gut mischen, kurz durchziehen lassen. Den Salat mit Orangenfilets und Oliven auf Tellern verteilen. Die übrige Vinaigrette darüberträufeln, den Hüttenkäse daraufgeben und das Fenchelgrün darüberstreuen.

Mein Tipp

Sollte es Ihnen zu umständlich sein, die Orangen zu filetieren, schälen Sie die Orangen und schneiden Sie sie quer in 1 cm dicke Scheiben.

PORTULAK-GNOCCHI

Dieses Rezept stammt von meinen italienischen Freunden – wird dort aber mit Rauke serviert. Ich habe sie gegen Portulak eingetauscht und so schmeckt es mir und meiner Familie noch besser.

FÜR 4 PORTIONEN
500 g Portulak
150 g Ricotta
50 g geriebener Gouda
1 Ei
1 Eigelb
Salz
Pfeffer aus der Mühle
frisch geriebene Muskatnuss
120 g Mehl
3 EL Butter
frisch geriebener Grana padano
oder Parmesan

1 Den Portulak verlesen, waschen, trocken tupfen und fein hacken. Ricotta, Gouda, Ei, Eigelb, Salz, Pfeffer und Muskatnuss mit dem Portulak vermischen. Nach und nach so viel Mehl untermischen, dass ein geschmeidiger Teig entsteht.

2 Mit einem Teelöffel kleine Gnocchi abstechen und sie portionsweise in siedendem Salzwasser garen. Sobald sie an die Oberfläche steigen, die Gnocchi mit der Schaumkelle herausnehmen.

3 Eine feuerfeste Form mit der Butter ausfetten. Die Gnocchi hineingeben und rütteln, damit sie rundherum gebuttert werden. Mit reichlich frisch geriebenem Grana padano oder Parmesan bestreuen und im vorgeheizten Backofen bei 220 °C 8 Minuten überbacken.

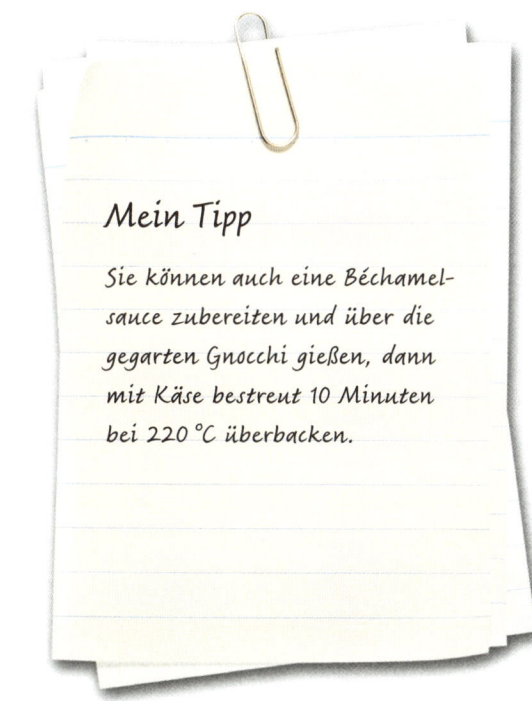

Mein Tipp

Sie können auch eine Béchamelsauce zubereiten und über die gegarten Gnocchi gießen, dann mit Käse bestreut 10 Minuten bei 220 °C überbacken.

ERNTEKALENDER

ERNTEMONATE FÜR HEIMISCHE FREILANDGEMÜSE UND SALATE

JANUAR	APRIL	JUNI	JULI	AUGUST
Feldsalat	Feldsalat	Blumenkohl	Blumenkohl	Blumenkohl
Grünkohl	Porree	Brokkoli	Bohnen	Bohne
Pastinake	Portulak	Eissalat	Brokkoli	Brokkoli
Porree	Rhabarber	Erbse	Eissalat	Eissalat
Portulak	Spargell	Fenchen	Erbsen	Erbse
Rosenkohl	Spinat	Frühlingszwiebeln	Fenchel	Fenchel
Schwarzer Rettich		Gemüsezwiebel	Frühlingszwiebeln	Frühlingszwiebeln
Schwarzwurzel		Gurke	Gemüsezwiebel	Gemüsezwiebel
Wirsing	**MAI**	Knoblauch	Gurke	Gurke
		Kohlrabi	Kartoffeln	Kartoffel
	Blumenkohl	Kopfsalat	Knoblauch	Knollensellerie
	Brokkoli	Kürbis	Knollensellerie	Kohlrabi
FEBRUAR	Frühlingszwiebeln	Mangold	Kohlrabi	Kopfsalat
	Gemüsezwiebel	Möhre	Kopfsalat	Küchenzwiebel
Feldsalat	Kopfsalat	Pflücksalat	Küchenzwiebel	Kürbis
Grünkohl	Mangold	Radieschen	Kürbis	Mangold
Pastinake	Pflücksalat	Rauke	Mangold	Melone
Porree	Radieschen	Rettich	Möhre	Möhre
Portulak	Rettich	Rhabarber	Paprika	Paprika
Rosenkohl	Rhabarber	Rotkohl	Pflücksalat	Pflücksalat
Schwarzer Rettich	Schnittsalat	Schnittsalat	Porree	Porree
Schwarzwurzel	Spargel	Spargel	Portulak	Portulak
Wirsing	Spinat	Spinat	Radieschen	Radieschen
	Teltower Rübchen	Spitzkohl	Rauke	Rauke
		Teltower Rübchen	Rettich	Rettich
		Weißkohl	Rote Bete	Rote Bete
		Wirsing	Rotkohl	Rotkohl
MÄRZ		Zucchini	Schalotte	Schalotte
			Schnittsalat	Schnittsalat
Feldsalat			Spinat	Spinat
Grünkohl			Spitzkohl	Spitzkohl
Pastinake			Stangensellerie	Stangensellerie
Porree			Teltower Rübchen	Steckrübe
Portulak			Tomaten	Teltower Rübchen
Rosenkohl			Weißer Rettich	Tomate
Schwarzwurzel			Weißkohl	Weißer Rettich
Spinat			Wirsing	Weißkohl
			Zucchini	Wirsing
				Zucchini

SEPTEMBER

Blumenkohl
Bohne
Brokkoli
Chinakohl
Eissalat
Endivie
Erbse
Feldsalat
Fenchel
Frühlingszwiebeln
Gemüsezwiebel
Gurke
Kartoffel
Knollensellerie
Kohlrabi
Kopfsalat
Küchenzwiebel
Kürbis
Mangold
Melone
Möhre
Paprika
Pflücksalat
Porree
Portulak
Radieschen
Rauke
Rettich
Rote Bete
Rotkohl
Schalotte
Schnittsalat
Sellerie
Spinat
Spitzkohl
Stangensellerie
Steckrübe
Teltower Rübchen
Tomate

Topinambur
Weißer Rettich
Weißkohl
Wirsing
Zucchini

OKTOBER

Blumenkohl
Bohne
Brokkoli
Chinakohl
Eissalat
Endivie
Feldsalat
Fenchel
Frühlingszwiebeln
Gemüsezwiebel
Kartoffel
Knollensellerie
Kohlrabi
Kopfsalat
Küchenzwiebel
Kürbis
Mangold
Melone
Möhre
Paprika
Pastinake
Pflücksalat
Porree
Portulak
Radieschen
Rauke
Rettich
Rosenkohl
Rote Bete

Rotkohl
Schalotte
Schnittsalat
Schwarzer Rettich
Schwarzwurzel
Sellerie
Spinat
Spitzkohl
Stangensellerie
Steckrübe
Teltower Rübchen
Tomate
Topinambur
Weißer Rettich
Weißkohl
Wirsing

NOVEMBER

Feldsalat
Grünkohl
Knollensellerie
Kürbis
Pastinake
Porree
Portulak
Radieschen
Rettich
Rosenkohl
Rote Bete
Rotkohl
Schwarzer Rettich
Schwarzwurzel
Spitzkohl
Steckrübe
Topinambur
Weißkohl
Wirsing

DEZEMBER

Feldsalat
Grünkohl
Pastinake
Porree
Portulak
Rosenkohl
Schwarzer Rettich
Schwarzwurzel
Steckrübe
Topinambur
Küchenzwiebel
Schalotte

REZEPTREGISTER

NACH KAPITELN
das (v) verweist auf Rezepte ohne Fisch und Fleisch

ALPHABETISCH

NACH GEMÜSESORTEN

IMPRESSUM

ISBN 978-3-8094-4298-1
1. Auflage

© 2020 by Bassermann Verlag, einem Unternehmen der Verlagsgruppe
Random House GmbH, Neumarkter Straße 28, 81673 München

Umschlaggestaltung: Atelier Versen, Bad Aibling
Herstellung: Elke Cramer
Projektleitung: Anja Halveland

Fotos: Karl Newedel, München; außer: S. 4 – Alany, Großbritannien, Francis Amiand/
Bon Appetit; S. 10, 58, 59, 94 – Reinhard Tierfoto, Heiligenkreuzsteinach, Hans Reinhard; S. 108 und 109 oben – shutterstock: 108 (Bruce Amos), (109 (AN NGUYEN); S. 109
unten - iStockphoto, Canada / RF (john-nyscriv)

Die Autoren und ihre Rezepte: Konrad Geiger: S. 53, 124 (aus dem Buch »Frisch, bunt,
regional«); Johanna Handschmann: S. 12, 16, 20, 22 oben, 30, 35 unten, 36, 42, 48,
50, 62, 65, 66, 70, 78, 81, 82, 87, 88, 90, 92, 96, 99, 102, 105, 106, 128 (aus dem Buch
»Marone, Kürbis, Pastinake«); Martin Lagoda: S. 72, 75, 76, 84 (aus dem Buch »Kohl &
Rübe«); Karl Newedel: S. 45, 46, 100, (aus dem Buch »Kürbis & Karotte«), 54, 56 (aus
dem Buch »Grüner & weißer Spargel«), 115, 116 (aus dem Buch »Bärlauch & Rucola«),
122, 130 (aus dem Buch »Verführerisch vegetarisch«); Gabriele Redden Rosenbaum:
S. 15, 19, 22 unten, 24, 27, 28, 32, 35 oben, 39, 40, 60, 69, 110, 112, 118, 121, 127, 133
(aus dem Buch »Vergessene Gemüse«)

Satz: Nadine Thiel, kreativsatz, Baldham
Druck und Bindung: DZS Grafik d.o.o., Ljubljana

Printed in Slovenia

Verlagsgruppe Random House FSC® N001967